普通高等学校"十三五"省级规划教材
普通高等学校城市轨道交通专业规划教材

轨道交通信号
综合实训指导书（上册）

主　编　李泽军

副主编　张建平

编写人员（以姓氏笔画为序）

吕金城　李小民　李泽军

张建平

中国科学技术大学出版社

内 容 简 介

本书是普通高等院校城市轨道交通系列规划教材。本书从项目式教学的角度出发,结合现场用人需求,对信号专业涉及的仪表仪器、室内外设备和各主要系统的运用、维护、施工及故障处理都有所涵盖。本书分为四个模块,分别是专用仪表仪器、信号电源设备、信号基础设备及车站信号设备维护。

本书可作为高职或中职院校城市轨道交通控制专业及其专业群的教学实训指导书或参考用书,也可作为从事城市轨道交通规划、建设和运营管理的专业技术人员参考用书。

图书在版编目(CIP)数据

轨道交通信号综合实训指导书.上册/李泽军主编.—合肥:中国科学技术大学出版社,2016.8
(2020.7 重印)
ISBN 978-7-312-04013-9

Ⅰ.轨⋯　Ⅱ.李⋯　Ⅲ.轨道交通—交通信号—高等学校—教学参考资料　Ⅳ.U284

中国版本图书馆 CIP 数据核字(2016)第 160727 号

出版	中国科学技术大学出版社 安徽省合肥市金寨路 96 号,230026 http://press.ustc.edu.cn http://zgkxjsdxcbs.tmall.com
印刷	合肥市宏基印刷有限公司
发行	中国科学技术大学出版社
经销	全国新华书店
开本	787 mm×1092 mm　1/16
印张	13.75
字数	361 千
版次	2016 年 8 月第 1 版
印次	2020 年 7 月第 2 次印刷
定价	32.00 元

前　言

城市轨道交通控制是一门与现场联系紧密的学科。为更好地顺应国家铁路及城市轨道交通行业发展潮流，满足高职高专类学校教学需求，培养有一定施工技术能力、系统维护能力的中高级专业人才，我们编写了本书。

本书在编写过程中贯穿"以职业标准为依据、以企业需求为向导、以职业职能为核心、以实用有用为力度"的理念，采用模块化的编写方法，内容以城市轨道交通控制中的基本理论、操作技能、施工技能及仪表仪器使用为基础，结合本专业开设课程及进度，设置了多个实训模块，并将实训贯穿整个在校学习过程。

本书分为四个模块，分别是专用仪表仪器、信号电源设备、信号基础设备、车站信号设备维护。每个模块中有若干个项目，每个项目均由实训目的、实训设备、实训指导、注意事项、实训报告五部分组成。本书模块一、模块二由李泽军编写；模块三由张建平编写；模块四由李小民、吕金城编写。

本书在编写过程中得到郑州铁路局洛阳电务段提供的数据支持，特此感谢！由于编者水平有限，在编写过程中难免有不足和需要修正之处，请读者指正，在此表示感谢。

编　者

目　录

前言 …………………………………………………………………………………… (i)

模块一　专用仪表仪器 ……………………………………………………………… (1)
　项目一　万用表 …………………………………………………………………… (3)
　项目二　兆欧表 …………………………………………………………………… (8)
　项目三　ZC-8 型接地电阻测量仪 ……………………………………………… (11)
　项目四　CD96 系列移频参数测试表 …………………………………………… (14)
　项目五　电桥 ……………………………………………………………………… (18)
　项目六　电缆故障测试仪 ………………………………………………………… (21)
　项目七　继电器测试台 …………………………………………………………… (24)
　项目八　转辙机测试台 …………………………………………………………… (27)
　项目九　轨道电路模拟实训台 …………………………………………………… (29)

模块二　信号电源设备 ……………………………………………………………… (33)
　项目一　变压器的使用和维护 …………………………………………………… (35)
　项目二　电流互感器的使用和维护 ……………………………………………… (38)
　项目三　三相异步电动机的使用和维护 ………………………………………… (40)
　项目四　UPS 设备操作与维护 …………………………………………………… (43)
　项目五　各类电源屏测试标准及方法 …………………………………………… (46)

模块三　信号基础设备 ……………………………………………………………… (51)
　项目一　继电器 …………………………………………………………………… (53)
　项目二　继电器的测试 …………………………………………………………… (56)
　项目三　利用继电器控制红绿灯电路 …………………………………………… (59)
　项目四　色灯信号机的认知 ……………………………………………………… (61)
　项目五　信号机电气特性测试 …………………………………………………… (63)
　项目六　信号显示调整 …………………………………………………………… (65)
　项目七　信号机检修 ……………………………………………………………… (67)

项目八　480 型轨道电路的测试 …………………………………………………（71）
项目九　25 Hz 相敏轨道电路的测试 ……………………………………………（75）
项目十　480 型轨道电路的检修 …………………………………………………（80）
项目十一　25 Hz 相敏轨道电路的检修 …………………………………………（85）
项目十二　ZD6 转辙机的拆装 ……………………………………………………（89）
项目十三　S700K 转辙机的拆装 …………………………………………………（91）
项目十四　ZD6 道岔调整测试 ……………………………………………………（94）
项目十五　S700K 型钩式外锁闭装置的调整测试 ………………………………（98）
项目十六　ZYJ7 与 SH6 型电动液压转辙机测试 ………………………………（101）
项目十七　ZDJ9 型电动转辙机测试 ……………………………………………（104）
项目十八　ZD6 道岔的维护维修 …………………………………………………（107）
项目十九　S700K、ZDJ9 的维护维修 …………………………………………（111）
项目二十　液压转辙机的检修 ……………………………………………………（116）

模块四　车站信号设备维护 …………………………………………………（119）

项目一　6502 电气集中设备认知 ………………………………………………（121）
项目二　控制台上各种表示灯的显示意义 ………………………………………（125）
项目三　6502 电气集中进路的办理与表示 ……………………………………（128）
项目四　6502 电气集中选择组电路原理、特性及故障分析 ……………………（132）
项目五　6502 电气集中执行组电路原理、特性及故障分析 ……………………（137）
项目六　四线制道岔控制电路 ……………………………………………………（144）
项目七　信号机点灯电路 …………………………………………………………（148）
项目八　电气集中电路的动作规律 ………………………………………………（152）
项目九　车站信号自动控制系统故障处理程序 …………………………………（156）
项目十　6502 电气集中选择组、执行组常见故障分析 ………………………（160）
项目十一　处理断线故障常用的方法 ……………………………………………（166）
项目十二　处理混线故障常用的方法 ……………………………………………（170）
项目十三　计算机联锁系统的显示 ………………………………………………（175）
项目十四　计算机联锁系统的操作 ………………………………………………（182）
项目十五　计算机联锁系统与区间结合的操作 …………………………………（189）
项目十六　计算机联锁系统的日常维护 …………………………………………（194）
项目十七　计算机联锁系统硬件常见故障处理 …………………………………（201）
项目十八　电务维修机的操作使用 ………………………………………………（207）

参考文献 ……………………………………………………………………………（211）

模块一

专用仪表仪器

项目一 万 用 表

一、实训目的

(1) 了解万用表的结构。
(2) 掌握万用表的使用方法。
(3) 掌握使用万用表的注意事项。

二、实训设备

万用表数块,电气集中设备1套。

三、实训指导

万用表是一种多量程的、测量各种电量的便携式复式电气测量仪表,一般可用来测量交直流电流电压、直流电阻、音频电平等。万用表分为指针式万用表和数字万用表。

(一) 指针式万用表

指针式万用表由磁电系微安表、内部测量电路和转换装置等组成,如图1.1.1所示。其使用方法如下:

1. 测量类型和量程选择

测量前首先要根据被测对象,将类型选择开关旋至相应位置,如测量交流电压时应将旋钮旋至交流电压挡。在类型选择之后注意量程的选择,量程选择过小,将可能烧损表头;量程选择过大,将影响测量精度。所以,在选择量程时,应使指针指示在满刻度的1/2或2/3以上,这样的测量结果较准确。在无法预测测量的电压或电流值时,应选择最高量程,然后再逐步减小量程。

2. 测量连接

在测量类型、量程选择好后,要注意测量连接。在测量直流电量时特别要注意仪表的极性,即测量直流电压时,应将万用表正极的红色表笔接被测电路的正极,将万用表负极的黑色表笔接被测电路的负极。而测直流电流时,应让被测电流经万用表的正端输入,再从万用表的负端流出,若测量时指针反偏,说明万用表的表笔极性接反。

3. 欧姆挡的正确使用

使用万用表欧姆挡测量电阻时必须注意以下几点:

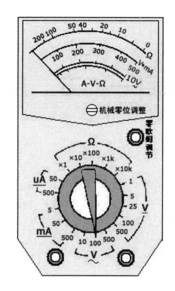

图 1.1.1　指针式万用表

(1) 选择适当的倍率,尽量使指针在接近欧姆挡中心的刻度部分,因为被测元件的数值越接近欧姆挡中心刻度,读数越准确。

(2) 测量前应先"调零",即将两测试表笔短接,旋转"零欧姆调整旋钮",使指针在零欧姆位置。若零欧姆调整旋钮无法调零,则需更换内部相应的电池。

(3) 不能带电测量电阻。若带电测量相当于在测量回路中又增加了一个外加电源,这不仅使测量结果无效,而且可能烧坏表头。所以测量电路的电阻时,首先应断开电源。

(4) 被测电阻不能有并联支路,否则,测得的电阻值将不是被测电阻实际值,而是某一等效电阻值。

(5) 测量电阻时,不要双手同时接触表笔的金属部分,否则,人体电阻将被并入被测电阻,影响测量的准确度。在测量阻值较高的电阻时,尤其要注意这些。

4. 正确读数

读数时应首先分清各类标尺,再从垂直于表盘中心的位置正确读数。若有反射镜,则应待指针与反射镜中镜像重合时读数。

(二) 数字万用表

数字万用表与指针式万用表一样,有测量直流电压和电流、交流电流和电压、电阻等多项功能。它采用集成电路,具有轻便、灵活的特点;采用 LCD(液晶)显示盘面,测量数值一目了然,大大降低了测试者的视觉误差,与指针式万用表相比,测量的数值更精确。同时,它的内部设有蜂鸣器,具有听觉提示功能,在实际工作中越来越广泛地被使用。数字万用表的使用方法与指针式万用表基本相同。这里以 DT-830 型数字万用表为例,如图 1.1.2 所示。

1. 主要性能指标

(1) 显示:LCD(液晶)最大显示为 1999 或 -1999,有自动调零和自动极性调整功能。

(2) 测量类型:直流电压、交流电压、直流电流、交流电路、电阻、二极管及连续检验。

(3) 输入超限:显示"1"或"-1"。

(4) 测量范围：

① 直流电压：0.1 mV～1 000 V；

② 交流电压：0.1 mV～750 V；

③ 直流电流：0.1 μA～10 A；

④ 交流电流：0.1 μA～10 A；

⑤ 电阻：0.1 Ω～20 MΩ。

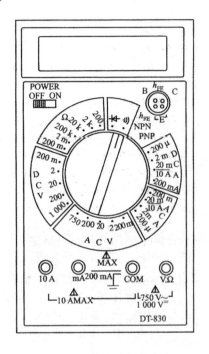

图 1.1.2　DT-830 型数字万用表

2. 使用方法

(1) 电源开关置"ON"位置时，工作电源接通。

(2) 选择开关，具有选择测量方式和量限的功能。测量方式共有八种选择，分别为直流电压(DCV)、交流电压(ACV)、直流电流(DCA)、交流电流(ACA)、电阻(Ω)、三极管测试(h_{FE})、二极管检验、连续检验。

(3) 输入插孔有四个，需根据所选测量类型、量限而定。

① 黑色测试笔始终插入"COM"插孔；

② 测直流电压、交流电压、电阻、二极管和连续检验蜂鸣器时，红色测试笔插入"V.Ω"插孔；

③ 测量直流电流、交流电流在 200 mA 及以下时，红色测试笔插入"mA"孔；

④ 测量直流电流、交流电流量程需选择 10 A 挡时，红色测试笔应插入"10 A"孔。

(4) h_{FE} 插孔，用于连接晶体管管脚。基极、集电极分别插入"B"和"C"孔，发射极接到"E"插孔之一。

四、注意事项

1. 指针式万用表使用注意事项

（1）仪表在测量高压、大电流时，不许旋转选择开关以免烧毁开关触头。

（2）测试电路的电阻时，断开被测电路，如电路中有电容器，应放电后再进行测量，禁止带电测量电阻。

（3）当被测值不能确定大约数值时，应将量程选择开关旋至最大的量程位置上，然后逐挡减小量程范围，以便仪表指针得到较大偏转，读取被测值。

（4）仪表应保持清洁干燥，并妥善保管，以免降低准确度和损坏机件。

（5）测量时手不要与表笔金属部分接触，特别是测大电流、高电压时更应注意。

（6）测量 500 V 以上的电压时，要站在干燥的木板或绝缘垫上，同时只能单手测量。

（7）测量电流不能并联在电路上测量，只能串联在回路中测量。

（8）测量电压时应注意电源正、负极。

（9）电表使用完毕，应将开关旋到指定位置，或放在最大交流电压挡上。

2. 数字万用表使用注意事项

（1）如果无法预先估计被测电压或电流的大小，则应先拨至最高量程挡测量一次，再视情况逐渐把量程减小到合适位置。测量完毕，应将量程开关拨到最高电压挡，并关闭电源。

（2）测量电压时，应将数字万用表与被测电路并联。测量电流时，应将数字万用表与被测电路串联。测量交流量时，不必考虑正、负极性。

（3）当误用交流电压挡去测量直流电压，或者误用直流电压挡去测量交流电压时，显示屏将显示"000"，或低位上的数字出现跳动。

（4）禁止在测量高电压（220 V 以上）或大电流（0.5 A 以上）时换量程，以防止产生电弧，烧毁开关触点。

（5）当显示""BATT"或"LOW BAT"时，表示电池电压低于工作电压。

（6）数字万用表不能在电磁干扰的场合使用，以免影响读数的准确性。

五、实训报告

班级		姓名		电话	
实训地点		实训小组		指导老师	
实训项目				实训时间	
实训内容					

续表

性能测试	
实训小结	

项目二 兆欧表

一、实训目的

(1) 了解兆欧表的结构。
(2) 掌握兆欧表的使用方法。
(3) 掌握使用兆欧表的注意事项。

二、实训设备

兆欧表数块,电气集中设备1套。

三、实训指导

兆欧表同万用表一样,也是一种便携式仪表。它是最常用且最简便的高阻值电阻测量仪表,表盘的读数刻度单位为"MΩ",故取名为"兆欧表",其可用来测量高阻值的电阻器、各种电气设备的绝缘电阻、电线(电缆或明线)的绝缘电阻、电动机绕组的绝缘电阻以及变压器、继电器线圈的绝缘电阻等。兆欧表由一个手摇发电机、表头和三个接线柱(即 L:线路端,E:接地端,G:屏蔽端)组成。

(一) 兆欧表的选用原则

1. 额定电压等级的选择

一般情况下,额定电压在 500 V 以下的设备,应选用 500 V 或 1 000 V 的摇表;额定电压在 500 V 以上的设备,选用 1 000 V~2 500 V 的摇表。

2. 电阻量程范围的选择

摇表的表盘刻度线上有两个小黑点,小黑点之间的区域为准确测量区域。所以,在选表时,应使被测设备的绝缘电阻值在准确测量区域内。

(二) 使用兆欧表前的准备工作

(1) 测量前必须将被测设备电源切断,并对地短路放电,决不允许设备带电进行测量,以保证人身和设备的安全。
(2) 对可能感应出高压电的设备,必须消除这种可能性后,才能进行测量。
(3) 被测物表面要清洁,减少接触电阻,确保测量结果的正确性。

(4) 测量前要检查兆欧表是否处于正常工作状态,主要检查其"0"和"∞"两点。即摇动手柄使电机达到额定转速,兆欧表在短路时应指在"0"位置,开路时应指在"∞"位置。

(5) 兆欧表引线应用多股软线,而且应有良好的绝缘。

(6) 不能全部停电的双回架空线路和母线,在被测回路的感应电压超过 12 V 时,或当雷雨发生时的架空线路及与架空线路相连接的电气设备,禁止进行测量。

(7) 使用兆欧表时,应将其放在平稳、牢固的地方,且远离大的外电流导体和外磁场。

(三) 兆欧表的使用

(1) 测量时,两条导线中的一条接 L 接线柱上(发电机负极),另一条接在 E 接线柱上(发电机正极),实际测量时这根引线接地。

(2) 手摇发电机至规定转速(120 r/min),指针应指示在"∞"位置。若不在"∞"位置,可用微调器将其调至"∞"位置。

(3) 短路试验,将 L、E 两个接线柱进行短接,再摇动发电机摇把,表盘上的指针指向 0 为好,说明欧姆表本身没有问题。

(4) 接地端 E 和线路端子 L 要分别用单根导线与被测物相连,不能用双股线分别作为 EL 端的连线。

(5) 测量时要按规定接好线路,再由慢而快地摇动发电机,使速度保持平稳状态,约为 120 r/min,再根据表盘上的指针位置来判断设备的绝缘程度。

(6) 读测量值时,要等电机摇柄转速均匀后,指针也随着稳定下来再读数。若指针在两数字中间摇动,可取其平均数。

四、注意事项

(1) 在测量设备时要对被测设备进行放电,以保证设备及人身安全。

(2) 在测量导线或对地绝缘电阻时,如果接有防雷元件,应当取下来。因为防雷元件加上高电压后要放电,这样测量结果不准,有时还会烧损元件。

(3) 测量电路线间电阻时,必须摇动手柄几分钟,使芯线充满电后再取读数方能准确。

(4) 摇测过程中,被测设备上不能有人工作。

(5) 摇表未停止转动之前或被测设备未放电之前,严禁用手触及。拆线时,也不要触及引线的金属部分。

(6) 测量结束时,对于大电容设备要放电。

五、实训报告

班级		姓名		电话	
实训地点		实训小组		指导老师	
实训项目				实训时间	
实训内容					
性能测试					
实训小结					

项目三　ZC-8 型接地电阻测量仪

一、实训目的

(1) 了解 ZC-8 型接地电阻测量仪的结构。
(2) 掌握 ZC-8 型接地电阻测量仪的使用方法。
(3) 掌握使用 ZC-8 型接地电阻测量仪的注意事项。

二、实训设备

ZC-8 型接地电阻测量仪 1 块,电气集中设备 1 套。

三、实训指导

ZC-8 型接地电阻测量仪可用于直接测量各种接地装置的接地电阻值,也可以测量低电阻导体的电阻值,还可以测量土壤电阻率。此测量仪主要由手摇发电机、电流互感器、滑线电阻器、量程转换开关及检流计等组成。

(一) 使用前的准备

1. 开路零位

使仪表测量端钮均为开路状态,摇动发电机至转速为 120 r/min,检流计指针在中心线偏移不大于 3 mm 处,即说明仪表开路零位正常。

2. 短路零位

用短路片将仪表的测量端钮同时短路,倍率开关置于量程最低挡。顺时针旋转大旋钮使刻度盘于零刻度线以外,摇动发电机至转速为 120 r/min,检流计指针应指在表盘中心线偏移不大于 1.5 mm 处,再逆时针旋转大旋钮,当刻度盘零刻度线与表盘中心线重合,检流计指针应随动即为正常。

(二) 接地电阻的测量

测量接地电阻的接线方法如图 1.3.1 所示。
(1) 沿被测接地极 E,使电位探针 P 和电流探针 C,依直线彼此相距 20 m,且电位探针 P 插于接地极 E 和电流探针 C 之间。

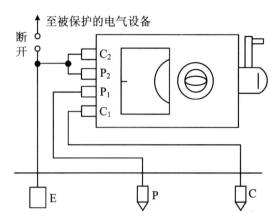

图 1.3.1　测量接地电阻的接线方法

(2) 用导线将 E、P、C 连于仪表相应的端钮。

(3) 将仪表放在水平位置,检查检流计指针是否指在中线,否则可用零位调整器将其调正,使其指在中心线上。

(4) 将"倍率标度"置于最大倍数,慢慢转动发电机摇把,同时旋动"测量刻度盘",使检流计指针指在中心线上。

(5) 当检流计指针接近平衡时,加快发电机摇把的速度,使其达到 120 r/min 以上,调整"测量标度盘",使指针指在中心线上。

(6) 如"测量标度盘"的读数小于 1,应将"倍率标度"置于较小的倍数,再重复步骤(5)的测量,以得到精确的读数。

(7) 用"测量标度盘"的读数乘以"倍率标度"的倍数即为所测的接地电阻值。

四、注意事项

(1) 当检流计的灵敏度过高时,可将电位探针 P 插入土壤中浅一些。当检流计灵敏度不够时,可沿探针 P 和 C 注水使其湿润。

(2) 当接地极 E 和电流探针 C 之间的距离大于 20 m 时,电位探针 P 的位置允许插在 E 和 C 之间的直线以外几米,其误差可忽略不计。当 E、C 之间的距离小于 20 m 时,则电位探针 P 应准确地插在 E 和 C 之间。

(3) 当用 0~1/10/100 Ω 量程的仪表测量小于 1 MΩ 的接地电阻时,应将 C_2、P_2 间的连接片打开,分别用导线连接到被测接地体上,以消除测量时连接导线电阻的附加误差,如测量高压输电线电塔的接地电阻。

(4) 测量地线电阻时,应将地线同被保护的电气设备断开。

五、实训报告

班级		姓名		电话	
实训地点		实训小组		指导老师	
实训项目				实训时间	
实训内容					
性能测试					
实训小结					

项目四 CD96 系列移频参数测试表

一、实训目的

(1) 了解 CD96 系列移频参数测试表的结构。
(2) 掌握 CD96 系列移频参数测试表的使用方法。
(3) 掌握使用 CD96 系列移频参数测试表的注意事项。

二、实训设备

CD96 系列移频参数测试表 1 块,电气集中设备 1 套。

三、实训指导

CD96 系列移频参数测试表(简称 CD96 系列测试表)有 CD96-2 型、CD96-3 型,其是用来测试移频设备参数的一种仪表。

CD96-2 型测试表适用于非电气化或电气化 4 信息、8 信息、18 信息移频信号制式站内、区间。CD96-3 型测试表适用于 UM71 或 WG-21A、ZPW-2000 无绝缘移频信号制式站内、区间的测试。

CD96 系列测试表如图 1.4.1 所示。

图 1.4.1 CD96 系列测试表

(一) CD96 系列测试表的特点

(1) 窗口显示选用图形点阵液晶屏,该屏具有背光夜间显示功能。
(2) 测项选择菜单及操作提示为汉字显示,显示电池容量、测量数据、挡位等内容;测试数据还可以加粗放大显示。
(3) 配备了 DLH-07 型电流卡钳,用来卡入传输信号电流的导线或钢缆,可以不影响线路传输,非接触地对信号的频率参数和电流进行感应式测量。
(4) 具有测量量程自动识别切换功能,不会由于量程选择不当造成仪表损坏或错误读数。
(5) 具有节电自动关机和防止内部电池过放自动关机功能。

(二) CD96 系列测试表的通用功能和专项功能

1. 通用测量功能

CD96 系列测试表具有以下两项通用测量功能:
(1) 单频测量功能:测量显示被测交流信号的电压/电流及其平均频率值。
(2) 直流测量功能:测量显示被测直流信号的直流电压幅值。

通用测量功能是仪表基本测量功能的体现,是仪表电压、电流和频率指标测量精度的计量验证依据。

2. 专项数字处理功能

CD96 系列测试表在通用测量硬件基础的支持下,运用数字运算和数字处理软件技术,配备了专用于铁路移频参数各种方法的解析功能,这项功能称之为专项数字处理功能。

CD96-2 型国内移频参数测试表提供两项专项数字处理功能:

(1) 移频专项功能。测试数据显示刷新速度小于 1 s,显示的内容如下:国内移频中心频率值、低频频率值及选带内电压/电流真有效值,国内移频上、下边频各自的频率值及选带内电压/电流真有效值。

(2) 谱析专项功能。测试数据显示刷新速度 2~4 s,可对国内移频、25 Hz 和 50 Hz 相混叠的信号进行综合运算分析,显示的内容如下:国内移频中心频率值、低频频率值及电压/电流真有效值,国内移频上、下边频各自的频率值及电压/电流真有效值,25 Hz(轨道电路)和 50 Hz(电力牵引)信号各自基波分量电压真有效值。

CD96-3 型 UM71 参数选频测试表提供一项专项数字处理功能,即选频专项功能,可以分别对中心频率为 1 700 Hz、2 000 Hz、2 300 Hz 和 2 600 Hz 的 UM71、WG-21A 和 ZPW-2000 无绝缘移频信号进行选频分析。数据刷新速度小于 1 s,显示内容如下:UM71 移频中心频率值、低频 TBF 值、选频电压/电流真有效值,UM71 移频上、下边频各自的频率值、选频电压/电流真有效值。

(三) CD96 系列测试表的使用方法

1. 仪表的菜单屏和测项选择

仪表开机,或按动"菜单"键,仪表显示菜单屏。此时,按动"↑"或"↓"键,可移动光标选择屏中众多测项之一。

2. 各测试项的测量操作

在菜单屏中移动光标,选择菜单屏中某测项,然后按动"选中"键,显示屏立即显现汉字提示"请稍候,正在测量中";片刻,显示屏中显现该测项的全部被测数据和信息。

3. 电压、电流测量端口切换

在仪表测量过程中按动"V/A"键,则进行电压、电流测量端口切换。当屏中显示汉字提示"V-请选用表笔"时,表示仪表测量输入端口应插入测试表笔对信号电压测试点进行测量;当屏中显示汉字提示"A-请选用卡钳"时,表示仪表测量输入端口应使用仪表专门配备的电流钳,卡入输送信号的电线电缆进行测量。若错误选用,必然得不到正确的测量结果。

四、注意事项

(1) 电压/电流测量端口要正确切换。在仪表测量过程中按动"V/A"键,则进行电压/电流测量端口切换。按动时,当屏中显示汉字提示"V-请选用表笔"时,表示仪表测量输入端应插入测试表笔对信号电压测试点进行测量;当屏中显示提示"A-请选用卡钳"时,表示仪表测量输入端口应使用仪表专门配备的电流钳,卡入输送信号的电线电缆进行测量。若错误选用,必然得不到正确的测量结果。

(2) 当仪表电量不足时,应及时进行充电,否则测试数据不准确,还会因过放电而损坏电池。

五、实训报告

班级		姓名		电话	
实训地点		实训小组		指导老师	
实训项目				实训时间	
实训内容					
性能测试					

续表

实训小结	

项目五 电 桥

一、实训目的

（1）掌握电桥的使用方法。
（2）掌握使用电桥的注意事项。

二、实训设备

电桥，电气集中设备 1 套。

三、实训指导

电桥是一种测量电阻、电感、电容等参数的比较式仪器，通过被测电阻、电感、电容与标准电阻、电感、电容进行比较而获得测量结果。电桥的种类很多，有直流电桥、交流电桥、电阻电桥、电感电桥、电容电桥等。

QS/18A 型万能电桥，是由晶体管组成的。其采用了音频交流电路，用来测量电阻、电感、电容等元件，仪器结构紧凑，携带方便。QS/18A 型万能电桥内部附有 1 kHz 振荡器、选频放大器和表头等电路，属音频交流电桥，如图 1.5.1 所示。

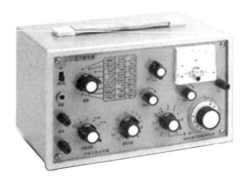

图 1.5.1 DS/18A 型万能电桥

（一）性能指标

电容 C：1 pF～1 100 μF；
电感 L：1 μH～110 H；

准确度:QS/18A 1 级;

外形尺寸:287 mm×202 mm×188 mm。

(二) 使用方法

1. 外接插孔

当测量有极性电容和电感时,需外加直流偏压或使用外部音频信号电源时,由此孔加入,此时应把电源开关拨向"外"位置。

2. 损耗倍率开关

用来扩展损耗平衡的范围,测量空芯线圈时,放"Q"位置;测量小损耗电容器时,放在"D×0.01"位置;测量大损耗电容器时,放在"D×1"位置。

3. 灵敏度调节用来控制放大器倍数

在初始调节时,要降低灵敏度,使电表指示小于满刻度,在调节中逐渐增大,使测量更准确。灵敏度调节由两只同步调节电位器组成。

4. 损耗微调

提高损耗平衡旋钮的调节细度,一般放在零位置。

5. 损耗平衡

调节"损耗微调",测量电容、电感元件的损耗读数。此旋钮指示值乘以损耗倍率开关的示值,即为损耗指示。

6. 测量选择开关

选择电桥桥路,对电容、电感、电阻进行测量。

四、注意事项

(1) 电桥用外接音频振荡器测量电容、电感元件时,应把仪器面板左上角拨动开关放在"外"位置,由外接插孔接入 1~2 V 音频电压,频率可在 60 Hz~6 kHz 的范围内,损耗平衡换算系数为 $f/1\,000$。

(2) 测量电解电容器需加偏压电源,电解电容器通常有较大的串联或并联损耗,尤其使用了很长时间的旧电解电容器损耗更大。因此在测量时,经外接插孔将直流电压加到被测电容器上,接法如图 1.5.2 所示。

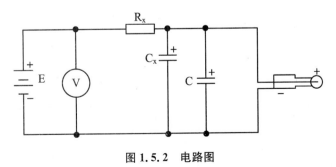

图 1.5.2 电路图

R_X 是限流电阻,数值选择:当 $C_X=1\ \mu F$ 时,每 100 V 为 5 kΩ;当 $C_X \ll 1\ \mu F$ 时,每 100 V 为 2.5 kΩ。旁路电容 C 最小为 10 μF。外加直流偏压不得大于被测电容器的耐压值。

注意:用加偏压测量电容器时,先旋动"量程"开关,后旋动"量程选择"开关,然后再接通电源。测试完毕后,先断开电源,后关闭电桥。

(3) 在测量过程中,仪表的指针不能完全回到零,此时可将拨动开关放在"外"位置,使内部振荡器停止工作,然后移动被测线圈的位置和角度,使表针指示到最低点,再恢复原测量。

(4) 在保证测量精度能清晰分辨读数的情况下,灵敏度调节旋钮不要开得太大。

五、实训报告

班级		姓名		电话	
实训地点		实训小组		指导老师	
实训项目				实训时间	
实训内容					
性能测试					
实训小结					

项目六　电缆故障测试仪

一、实训目的

(1) 掌握电缆故障测试仪的使用方法。
(2) 掌握使用电缆故障测试仪的注意事项。

二、实训设备

电缆故障测试仪,电气集中设备 1 套。

三、实训指导

SLE-18 型电话电缆故障智能测试仪可用于测试市话电缆、高效通信电缆、同轴电缆及金属架空电缆上发生的开路、短路、混路(绞线)、接触不良和接地等各种故障,也可测试电缆的长度和电缆的传播速度。

本仪器根据传输线理论,在传输线的一端发射一探测脉冲,它就会沿着线路进行传输。如果线路正常且终端的负载等于线路的特性阻抗时,发射的探测脉冲使负载完全吸收而无反射;当线路有故障时,由于故障点的阻抗不再是线路的特性阻抗,所以引起反射。

(一) 测试前的准备工作

1. 故障种类判断

测试前对故障原因和种类进行分析是很必要的。如果是单断、双断、接头接触不良等阻抗增大的障碍,其回波波形一般为正脉冲;对于混线(自混)、互混(他混)、单地、混地等阻抗减小的障碍,其回波波形为负脉冲。

2. 波速调整

仪器开机后自动置入波速为 200 m/μs,根据需要可以手动调整。

(二) 基本测试方法

1. 直接测量方法

(1) 将"主输入/输出"端子与被测电缆连接。
(2) 将被测线对的局内设备断开。
(3) 按照被测电缆的结构调整好波速。

(4) 压下脉冲"发射"键,同时调整"增益"旋钮,逐渐增加测试距离(通过"测量范围"键),直至找到反射故障波形为止,如图 1.6.1 所示。

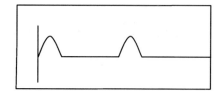 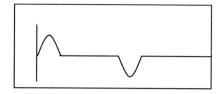

图 1.6.1　波形图

移动虚线光标,并将它移至障碍反射波形的前沿,此时,屏幕右上角显示数字即为测试故障的距离。

2. 断线(单断、双断)、混线、接触不良、错接故障测量测试方法

步骤同直接测量方法。

3. 接地、绝缘不良测试接线方法

如图 1.6.2 所示。

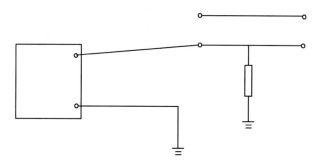

图 1.6.2　接地、绝缘不良测试接线方法

(三) 波形比较法

波形比较法的操作步骤与基本测试方法步骤相同,所不同的是存储一幅波形图提供给波形比较用。提供比较波形的几种方法:

方法一:在故障电缆中,找出一对良好的线对,先按基本操作测其波形后,按"波形存储",然后再把输出端子接在怀疑故障的线对上,测量故障波形后,按"图形比较"键,比较两个波形差别之处,即为故障点。

方法二:在故障电缆中,如果没有良好的线对用做比较,则可利用屏幕上的扫描线来做比较。

方法三:辅助线法,将"平衡选择"置"外","主输入/输出"接故障线,"辅输入/输出"端子接良好线对,其他步骤同基本测试方法操作。

四、注意事项

(1) 在测试中近距离使用"内平衡",远距离使用"外平衡"。

(2) 在测试调整过程中,使用放大Ⅰ,一般为 2 km 以内的近距离;使用放大Ⅱ,为大于 2 km 的远距离。

(3) 仪器使用前,务必检测仪器,在无电压状态下使用。

(4) 打印机工作时功耗较大,最好在交流电情况下使用,以防止在直流电池工作时,能量损耗大,影响电缆故障测试仪的使用。

五、实训报告

班级		姓名		电话	
实训地点		实训小组		指导老师	
实训项目				实训时间	
实训内容					
性能测试					
实训小结					

项目七　继电器测试台

一、实训目的

(1) 掌握继电器测试台的作用。
(2) 熟悉继电器测试台的使用方法。
(3) 掌握使用继电器测试台的注意事项。

二、实训设备

继电器测试台、各种类型的继电器。

三、实训指导

信号继电器测试台是电务检修所对使用前或使用后的继电器进行电气特性参数测试的主要工具。继电器测试台配备嵌入式电脑，不仅保留了原来手动测试的功能，还增加了电脑采集和数据库管理的功能。以 XAJ-6 继电器测试台为例，它的手动测试相对独立，可在电脑不开机的情况下进行操作，方便检修。电脑部分的专家系统自动列出可测试项目，自动记录数据，免除手工抄表引起的错误，具有数据库查询打印等管理功能。

（一）测试项目

继电器测试台能够测试继电器的线圈电阻和继电器的释放值、工作值、方向工作值、正向转极值、反向转极值、缓放时间、缓吸时间、接点齐度、接点电阻、绝缘电阻、反向不动作值、临界正向或反向不转极值、脉冲宽度及间隔、动态特性等。

（二）测试继电器的种类

铁路信号运用的继电器种类多，同一类型继电器型号也不相同。继电器测试台能够测试的继电器有：无极继电器、无极缓放继电器、无极加强接点继电器、无极加强接点缓放继电器、有极继电器、有极加强接点继电器、偏极继电器、整流继电器、单闭磁继电器、时间继电器、交流继电器、交流加强接点继电器、传输继电器、砝码器、灯丝继电器、动态继电器等。

(三) 使用方法

1. 测试前准备

将调压器旋转到零位,打开测试台电源,此时电源指示灯亮,部分 LED 灯亮。根据被测继电器的型号选择对应测试盒,将被测继电器插在调试盘上对应的继电器插座上,根据"功能选择"所列功能逐一测试。

2. 线圈电阻测试

将"功能选择"拨到"线圈电阻"的测试挡位、"低电阻测试仪"的适当量程,将"条件选择"分别置于前圈或后圈位置,便可直接从低电阻测试仪上读出前圈或后圈的线圈电阻值。

3. 电气特性测试

将"功能选择"拨到"电气特性"测试挡位,使电气特性测试挡位指示灯亮。再根据手动测试开关转换表所列条件,选择被测继电器的电压、电流、正向/反向极类型选择等各开关挡位。选好各开关的挡位后将"通/断"开关拨到通位。缓慢旋动调压器,升高或降低电压进行释放值、工作值、反向工作值、正向转极值、反向转极值等参数测量。同时,可借助测试座两边"接通断开"指示灯观察接点闭合情况(绿色指示灯为下接点吸合,红色指示灯为上接点吸合)。

4. 时间特性测试

将"时间选择"开关拨到所要测的时间特性挡位,将调压器旋动至所需电压、电流位置,拨动"通/断"开关便可测出被测继电器的对应参数。

5. 接点电阻测试

将"功能选择"拨到"接点电阻"测试挡位,并选择"低电阻测试仪"的适当量程,根据被测继电器的型号将"电源选择"拨到适当所需电源挡位,将"条件选择"等开关拨到相应位置,将"通/断"开关拨到断位。拨动"接点选择开关"可依次测出后八组接点的电阻。将"通/断"开关拨到通位,拨动"接点选择开关"可依次测出前八组接点的电阻。测试完后,将调压器归零,把"测试电源开关"拨到断位。

6. 绝缘电阻测试

绝缘测试时,将"功能选择"开关依次选出至线圈对地、接点对地、接点对线圈挡位,按下绝缘旁的绿色测试按钮,表头显示数字为其相应的绝缘电阻阻值,测出绝缘值后释放绿色测试按钮。

四、注意事项

(1) 开机前应将调压器回到零位。
(2) 测试过程中不允许随意插拔继电器。
(3) 被测继电器只允许插入对应插座。
(4) 绝缘电阻表测试端子不允许接触测试台或调试盘的任何部位。
(5) 必须使用同等规格的保险丝,不允许随意增大保险丝容量。
(6) 电流表不允许超量程。

五、实训报告

班级		姓名		电话	
实训地点		实训小组		指导老师	
实训项目				实训时间	
实训内容					
性能测试					
实训小结					

项目八 转辙机测试台

一、实训目的

(1) 掌握转辙机测试台的作用。
(2) 熟悉转辙机测试台的使用方法。
(2) 掌握使用转辙机测试台的注意事项。

二、实训设备

转辙机测试台,转辙机。

三、实训指导

(1) 将被测转辙机放在负载台合适的定位孔上;用插销将其固定好,用连接销与转辙机连接好。

(2) 将两根外连线分别与测试台左后方两个航空座连接。4 芯线为 380 V 电源线,其中黑线为零线,其余蓝、红、黄三根为火线;23 芯为测试台与负载连接线。

(3) 检查外部三相四线电源的电压是否都为 380 V,相电压是否都为 220 V,并检查电源插空的零线位置与测试台电源线插头的零线位置是否一致。以上检查均正常才能连接测试台电源,否则禁止连接。电源连接好后,先开启测试台电源,按下"电源通"按钮,与之对应的指示灯亮,再开启计算机。结束测试时,先关计算机电源,后关测试台电源。

(4) 按下"负载开"按钮,负载台泵电机开始转动,检查交流电源相序是否使泵电机顺时针方向旋转,如逆时针旋转时必须对三相电源中的任意两相进行倒相,从而务必使负载台泵电机保证顺时针旋转。

(5) 出所时测试台将测试标定为正装(右开式)转辙机缩回位时定位指示灯亮,反装(左开式)转辙机伸出位时定位指示灯亮。"安装方式"开关用于给不同安装方式的转辙机加负载力。"左开式"转辙机测试时"安装方式"拨在(左)。"右开式"转辙机测试时"安装方式"拨在(右)

(6) 将"转换开关"调至"调整"状态,点动"定—反"或"反—定"按钮,可将转辙机调整在任意机械位置,进行机械特性调整及检修,同时可进行移位接触器调整测试,转辙机与油缸动作相反。

(7) 将"转换开关"调至"手动"状态,当转辙机位置在定位表示时,按一下"定—反"按钮即可松手,"定—反"指示灯亮,转辙机开始动作;同时,进行工作电压、工作电流、动作时间、负载力的相应测试,当转辙机动作到反位状态时,"定—反"指示灯灭,"反位表示"灯亮。

(8) 将"转换开关"调至"微机"状态,运行测试软件可进行微机测试,使用方法详见微机部分使用说明。

(9) 转辙机动作时按下"堵转"按钮,"堵转"按钮灯亮,此时可进行故障电流的测试。

(10) 测试时自动识别表示回路,配线(表示回路)错误或定反位指示灯不亮时"配线检测"灯声光报警,实现实时在线检测。

(11) 测无配线转辙机时,将 CA14 芯插头对接 14 芯插座,另一头接转辙机的开闭器。一组四个黄黑鳄鱼夹分别接定位表示(21,22),反位表示(31,32)端;另一组鳄鱼夹接电机 1,2,4 端测试。

四、注意事项

(1) 扛抬转辙机时学生要同起同落,呼唤应答。
(2) 禁止触摸带电端子,注意人身安全。
(3) 一切行动听指导教师的安排。

五、实训报告

班级		姓名		电话	
实训地点		实训小组		指导老师	
实训项目				实训时间	
实训内容					
性能测试					
实训小结					

项目九 轨道电路模拟实训台

一、实训目的

(1) 掌握轨道电路模拟实训台的作用。
(2) 熟悉轨道电路模拟实训台的使用方法。
(3) 掌握使用轨道电路模拟实训台的注意事项。

二、实训设备

轨道电路模拟实训台。

三、实训指导

(一) 简介

轨道电路是铁路信号自动控制的基础设备。利用轨道电路可以自动检测列车、车辆的位置,控制信号机的显示;通过轨道电路可以将地面信号传递给机车,从而可以控制列车运行。学生通过本实训台可学习列车进站—送三受交流连续式轨道电路原理及过程。该试验台内部电路完全按照现场电路设计,包含三台轨道继电器、一台送电端轨道变压器、三台受电端中继变压器、一个送电端限流电阻、三个受电端调整电阻、三个轨道长度调整电阻、一个点灯变压器和轨道模型等器件,通过设定教学演练,可使学生熟练掌握交流连续式轨道电路原理。

(二) 原理

当两根钢轨完整,且无车占用,即轨道电路空闲时,电流通过两根钢轨和轨道继电器,使轨道继电器吸起,前接点闭合,信号开放。当列车占用轨道电路时,电流通过机车车辆轮对,轨道电路被分路。由于轮对电阻比轨道继电器电阻小得多,使电源输出电流显著加大,限流电阻上的压降随之增加,两根钢轨间的电压降低,流经轨道继电器的电流减少到它的落下值,使轨道继电器落下,后接点闭合,信号关闭。同时,当轨道电路发生断轨、断线时,同样会使轨道继电器落下。

(三) 实训台技术参数

电源:AC:220×(1±15%)V,≤200 W;

钢轨表面电压:≤12 V;
钢轨模型:1∶87;
点灯电压:AC 12 V;
尺寸:1 200 mm×500 mm×900 mm;
质量:≤100 kg。

(四) 测试方法

以 25 Hz 相敏轨道电路为例:

1. 室外测试项目

用交流电压表、钳形表测量 25 Hz 相敏轨道电路的送电端电源变压器,扼流变压器Ⅰ次、Ⅱ次电压及限流器的电压降;测量送受端轨面电压及电流,受电端变压器、扼流变压器的Ⅰ、Ⅱ次侧电压。

2. 极性交叉检查

相邻轨道电路的电源极性必须进行交叉。测试方法如下:在交流轨道电路区段两个受电端邻接时,可利用两根短路线跨接在两组绝缘上。如果轨道继电器落下,则说明交叉正确;反之,没有做到极性交叉。送电端和受电端相邻时,$U_1 < U_2$,则电源极性交叉,否则电源极性未交叉。

3. 室内测试项目

用交流电压表测量电源屏轨道电路电源电压。

在组合架上测量 GJ 轨道线圈及局部线圈电压的大小(有效电压应不小于 18 V)。

用 0.06 Ω 标准分路电阻线在轨道电路送、受电端轨面上分路时,轨道继电器端电压应不大于 7.4 V,其前接点应断开。

四、注意事项

(1) 禁止触摸带电端子,注意人身安全。
(2) 一切行动听指导教师的安排。

五、实训报告

班级		姓名		电话	
实训地点		实训小组		指导老师	
实训项目				实训时间	
实训内容					

续表

性能测试	
实训小结	

模块二

信号电源设备

项目一 变压器的使用和维护

一、实训目的

通过实训,熟悉掌握隔离变压器的使用、维护及测试方法。

二、实训设备

万用表1块,兆欧表1块,隔离变压器1个。

三、实训指导

(一) 变压器认知

1. 构造

变压器是变换交流电压、电流和阻抗的器件,当初级线圈中通有交流电流时,铁芯(或磁芯)中便产生交流磁通,使次级线圈感应出电压(或电流)。变压器由铁芯(或磁芯)和线圈组成,线圈有两个或两个以上的绕组,其中接电源的绕组叫初级线圈,其余的绕组叫次级线圈。

2. 工作频率

变压器铁芯损耗与频率关系很大,故应根据使用频率来设计和使用,这个频率称工作频率。

3. 额定功率

额定功率是在规定的频率和电压下,变压器能长期工作,而不超过规定温升的输出功率。

4. 额定电压

额定电压指在变压器的线圈上所允许施加的电压,工作时不得大于规定值。

5. 电压比

电压比指变压器初级电压和次级电压的比值,有空载电压比和负载电压比的区别。

6. 空载电流

变压器次级开路时,初级仍有一定的电流,这部分电流称为空载电流。空载电流由磁化电流(产生磁通)和铁损电流(由铁芯损耗引起)组成。对于50 Hz电源变压器而言,空载电流基本上等于磁化电流。

7. 空载损耗

空载损耗指变压器次级开路时,在初级测得的功率损耗。主要损耗是铁芯损耗,其次是空载电流在初级线圈铜阻上产生的损耗(铜损),这部分损耗很小。

8. 效率

效率指次级功率 P_2 与初级功率 P_1 比值的百分比。通常变压器的额定功率愈大，效率就愈高。

9. 绝缘电阻

绝缘电阻作用于变压器各线圈之间、各线圈与铁芯之间，具有绝缘性能。绝缘电阻的高低与所使用的绝缘材料的性能、温度和潮湿程度有关。

（二）实训内容及步骤

（1）测量线圈电阻，包括初级线圈电阻值，次级线圈电阻值。
（2）测量绝缘电阻。
（3）测量初、次级线圈之间电阻。
（4）测量电压。
（5）连接测试电路，测量输入电压与输出电压。

四、注意事项

（1）选择万用表量程。
（2）使用兆欧表时两极只能短暂短路检查零点。

五、实训报告

班级		姓名		电话	
实训地点		实训小组		指导老师	
实训项目				实训时间	
实训内容					
性能测试					

续表

实训小结	

项目二　电流互感器的使用和维护

一、实训目的

通过实验,熟练掌握电流互感器的优点和使用注意事项。

二、实训设备

电流互感器,万用表。

三、实训指导

(一)电流互感器认知

电流互感器是工作于低磁感应强度的铁芯变压器,由硅钢片制成的环形或矩形铁芯及绕在同一铁芯上的原、副绕组构成。绕组间用绝缘隔开,以保证安全。有的电流互感器的原绕组是单匝的,甚至用母线来代替,只是一根直导线;有的电流互感器的原绕组是多匝的。而副绕组匝数很多,所接的电流表内阻很小。所以,电流互感器实质上是一个短路运行的升压变压器,是一种将大电流变换成小电流的变压器。

若原、副绕组的匝数分别为 W_1 和 W_2,电流分别为 I_1 和 I_2 时,则有 $I_1W_1=I_2W_2$,以 K_I 为变流比,则 $K_I=I_1/I_2=W_2/W_1$。当与副绕组连接的电流表测得的电流为 I_X 时,原绕组中流过的被测电流为 $K_I I_X$,就将电流表的量限扩大了 K_I 倍。

(二)实训内容及步骤

(1)电流互感器结构的认知。
(2)测量电流互感器输入线圈和输出线圈电阻。
(3)拆卸电流互感器中的安培表。

四、注意事项

(1)铁芯、副绕组的一端要接地。因为当线圈绝缘破损时,可防止连在副绕组上的仪表对地出现高电位而危及人身安全。

(2)在原边接通电源时,副边电路不得开路。如需取下电流表,要先将副边短路。这和普通变压器不一样,因为它的原绕组和负载串联,其中的电流不是决定于副边电流,而是决定于负载的大小。副边开路时,副绕组中的电流立即消失,但原绕组中的电流不变,这时铁芯内的磁通全由原边产生,磁通较大(因此时由副边产生的磁通为零,不能与原边产生的磁通抵消),将大大增加铁耗,铁芯将迅速发热甚至烧毁绝缘材料。此外,还使副绕组的感应电势高到危险的程度,在副边断开处出现千伏以上的高电压,对人身安全威胁极大。

(3) 原绕组所接入的被测电路的电网电压不得超过其额定电压等级。

五、实训报告

班级		姓名		电话	
实训地点		实训小组		指导老师	
实训项目				实训时间	
实训内容					
性能测试					
实训小结					

项目三　三相异步电动机的使用和维护

一、实训目的

通过实验,熟练掌握三相异步电动机电路结构、旋转磁场原理及特点、电动机转动方向因素。

二、实训设备

三相异步电动机,万用表。

三、实训指导

(一) 三相异步电动机认知

异步电动机的定子绕组接上交流电源后,通以励磁电流建立磁场,依靠电磁感应作用使转子绕组产生感应电流,进而产生电磁转矩使转子旋转起来。因其转子电流是由感应产生的,因而异步电动机也称为感应电动机。

异步电动机分为三相和单相两种,尤以三相异步电动机的应用最为广泛。因其结构简单、制造方便、运行可靠、价格较低,和同容量的直流电动机相比,异步电动机的质量约为直流电动机的一半,价格仅为直流电动机的1/3。

旋转磁场是一种大小不变,且以一定转速旋转的磁场。在对称的三相绕组中通以对称的三相交流电流时,就产生了旋转磁场。现以两极异步电动机为例,说明旋转磁场的产生。如图 2.3.1 所示,三相定子绕组由 $A\text{-}X$、$B\text{-}Y$、$C\text{-}Z$ 三个线圈组成,A、B、C 为始端,X、Y、Z 为末端。它们在空间彼此互隔120°,构成了对称的三相绕组。三相绕组可接成星形(图 2.3.1 是星形连接),也可以接成三角形。

当三相绕组接至对称的三相电源时,三相绕组中有对称的三相电流 i_A、i_B、i_C 流通。以从绕组的始端至末端为电流的正方向,并假设 i_A 超前于 i_B,i_B 超前于 i_C,则此时三相电流的瞬时值可用下式表示:

$$i_A = I_m \sin\omega t$$
$$i_B = I_m \sin(\omega t - 120°)$$
$$i_C = I_m \sin(\omega t + 120°)$$

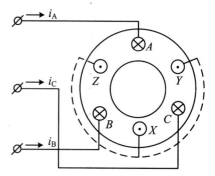

图 2.3.1　三相定子绕组布置图

以笼式电动机为例,转子铁芯上嵌有均匀分布的导条,导条两端被铜环短接而构成闭合回路。定子绕组接入三相交流电源后,就产生了旋转磁场。假设磁场按逆时针方向旋转,旋转速度为 n_0,在某瞬间的磁场方向由下而上。此时导条将切割磁力线,转子即产生感应电势,由右手定则可以确定,转子上部的导条的感应电势从里向外,用⊙表示,下部的导条的感应电势从外向里,用⊗表示。由于感应电势的存在,在连接成闭路的转子电路中产生了电流。因为转子绕组电路基本上呈电阻性,所以电流方向和感应电势的瞬时方向是一致的。

这样,带电流的转子导条与旋转磁场相互作用即产生了电磁力,其方向可用左手定则来确定。转子上的电磁力对轴形成了电磁转矩,因此转子就转起来了。而且,它的旋转方向与旋转磁场的旋转方向相一致。

转子的转速 n 比同步转速 n_0 要小。因为,当 $n=n_0$ 时,转子和旋转磁场间没有相对运动,转子导条就不再切割磁力线,转子中就不会产生感应电势和电流,当然也就产生不了电磁转矩,转子就转不了。实际上,在负载转矩(空载时则是轴与轴承间的摩擦及旋转部分受到的风阻力所产生的转矩,其值很小)的作用下,转子转速将降低。而当转子转速低于同步转速时,转子又将受到电磁转矩的作用。因此,转子总是用低于同步转速的转速紧跟着旋转磁场旋转,即 n 必须小于 n_0,转子才会转动。就是说,转子只能与旋转磁场"异步"地转动,故称为异步电动机。

(二) 实训内容及步骤

(1) 测量定子绕组和转子绕组电阻值。
(2) 改变三相电流相序,观察电动机转动方向。
(3) 了解电动机制动原理,并进行过程观察。
(4) 电动机的维护与擦拭。

四、实训报告

班级		姓名		电话	
实训地点		实训小组		指导老师	
实训项目				实训时间	
实训内容					

续表

性能测试	
实训小结	

项目四　UPS 设备操作与维护

一、实训目的

通过实训,熟练掌握 UPS 的设备操作与维护知识。

二、实训设备

UPS 电源设备。

三、实训指导

(一) UPS 操作

在线式 UPS 可处于下列三种运行方式之一:
正常运行——所有相关电源开关闭合,UPS 带载;
维护旁路——UPS 关断,负载通过维护旁路开关,连接到旁路电源;
关断——所有电源开关断开,负载断电。
实验介绍在上述三种运行方式之间互相切换、复位及关断逆变器的操作。

1. UPS 开机加载步骤

此步骤用于 UPS 开机加载,假设 UPS 安装调试完毕,市电已输入 UPS。
(1) 合静态旁路开关 Q2。
(2) 合整流器输入开关 Q1。
(3) 合 UPS 输出电源开关 Q4。
(4) 手动合电池开关。
在合电池开关前,检查直流母线电压,若电压符合要求(380 V 交流系统为 432VDC,400 V 交流系统为 446VDC,415 V 交流系统为 459VDC)。

2. UPS 从正常运行到维护旁路的步骤

负载从 UPS 逆变器切换到维修旁路,这在 UPS 需要维护时有用。
负载由逆变器切换到静态旁路的操作过程如下:
(1) 关断 UPS 逆变器,负载切换到静态旁路。通常在主菜单上可以操作关断 UPS 逆变器。
(2) 取下 Q3 手柄上的锁,并扳动 Q3 内的锁定杆,然后闭合维护旁路开关 Q3。断开整流器电源输入开头 Q1、UPS 电源输出开关 Q4、静态旁路开关 Q2 和电池开关,UPS 已关闭,但市电通过维护路向负载供电。

3. UPS 在维护旁路下的开机步骤

包括如何启动 UPS，并把负载从维护旁路切换到逆变器。
(1) 闭合 UPS 输出开关 Q4 和静态旁路开关 Q2。
(2) 闭合整流器输入电源开关 Q1，整流器启动并稳定在浮充电压，可查看浮充电压是否正常。
(3) 闭合电池开关。
(4) 断开维护旁路开关 Q3，并上锁。

4. UPS 关机步骤

(1) 断开电池开关和整流器输入电源开关 Q1。
(2) 断开 UPS 输出开关 Q4 和旁路电源开关 Q2。
(3) 若要 UPS 与市电隔离，则应断开市电向 UPS 的配电开关，使直流母线电压放电。

5. UPS 的复位

当因某种故障使用了 EPO(紧急关机)，待故障清除后，要使 UPS 恢复正常工作状态，需要复位操作，或在系统调试时，选择手动方式从旁路切换到逆变器，UPS 由于逆变器过温、过载、直流母线过压而关闭，当故障清除后，需要采用复位操作，才能把 UPS 从旁路切换到逆变器带载。

操作复位按钮使得整流器、逆变器和静态开关重新正常运行。若是 EPO 后的复位，则还需手动合电池开关。

(二) UPS 日常维护

UPS 周期维护内容较少，只需要保证环境条件稳定和清洁。但是周期记录还是必需的，检查和预防的目的是使机器保持最佳的性能并防止小问题转变成大故障。

按维护的周期可分为：日检、周检、年检。

1. 日检

主要内容有：检查控制面板，确认所有指示正常、所有指示参数正常、面板上没有报警；检查有无明显的高温、有无异常噪声；确信通风栅无阻塞；调出测量的参数，观察有无与正常值不符等。

2. 周检

主要内容有：测量并记录电池充电电压、电池充电电流、UPS 三相输出电压、UPS 输出线电流。如果测量值与以前明显不同，应记录新增负荷的大小、种类和位置等，有利于今后发生故障时进行分析。

在日常的维护中，有一些需要引起重视的地方，如 UPS 的复位。有些 UPS 带有 EPO(紧急关机)，当因某种故障 UPS 使用了 EPO，待故障清除后，要使 UPS 恢复正常工作状态，需要复位操作。比如 UPS 由于逆变器过温、过载、直流母线过压等原因而关闭时，当故障清除后，需要采用复位操作，才能把 UPS 从旁路切换到逆变器带载工作，可能还需要手动合电池开关。

另外，设备的选位及对环境的要求也很重要。UPS 应安装在一个凉爽、干燥、清洁的环境中，应装排气扇，加速环境空气流通；在尘埃较多的环境中，应加空气过滤装置。

电池的环境将直接影响电池的容量和寿命。电池的标准工作温度为 20 ℃，高于 20 ℃ 的环境温度，将缩短电池的寿命；低于 20 ℃ 的环境温度将减低电池的容量。通常情况下，电池容许的环境温度为 15～20 ℃ 之间，电池所在的环境温度应保持恒定，远离热源和风口。

要实现逆变器与旁路电源间无中断切换，应先开静态旁路开关，由旁路电源向负载供电，再断开 UPS 交流输入接触器。当负载从旁路切换回逆变器，首先要闭合 UPS 交流输入接触器，再断开静态旁路开关。在正常运行状况下，上述操作的实现必须是逆变器输出与旁路电源完全同步。当旁路电源频率在同步窗口时，逆变器控制电路总是使逆变器频率跟踪旁路电源频率。当逆变器输出频率与旁路电源不同步时，一般会显示告警信息。

大中型 UPS 在通信企业中的应用越来越广泛，其作用也越来越明显，理解 UPS 的基本原理就显得尤为重要。在日常的维护过程中，对一些故障的判断分析，特别是对一些紧急情况的处理，清晰的思路和丰富的经验是设备可靠运行的最重要的保证。

四、实训报告

班级		姓名		电话	
实训地点		实训小组		指导老师	
实训项目				实训时间	
实训内容					
性能测试					
实训小结					

项目五　各类电源屏测试标准及方法

一、实训目的

通过实训,熟练掌握电源屏日常测试标准及测试方法。

二、实训设备

25 Hz 电源屏,区间电源屏万用表,兆欧表,电温计,550 Ω/50 W 电阻,0.5 A 保险。

三、实训指导

1. 电源屏测试周期、标准及方法

电源屏测试周期、标准及方法如表 2.5.1 所示。

表 2.5.1　电源屏测试周期、标准及方法

测试项目	测试周期	技术标准	测试方法	备注
输入电压、电流	日	AC 380 V(+15%～-20%) AC 220 V(+15%～-20%)	直接在电源屏盘面表头或电脑显示屏上读出,有微机监测的可在微机上直接测得。如在电源屏盘面表头或电脑显示屏上读不到,每月在后面端子上人工测试一次	
输出电压、电流	日	当输入电源电源电压在+15%～-20%之间变化时,输出电源电压应在±3%的范围内稳定输出	直接在电源屏盘面表头或电脑显示屏上读出,有微机监测的可在微机上直接测得。如在电源屏盘面表头或电脑显示屏上读不到,每月在后面端子上人工测试一次	测量对象包括所用电源屏的输出电源
各种电源接地绝缘	根据需要	≥1 MΩ	用 500 V 兆欧表测试接地极接地,另一极接电源输出端子,摇动兆欧表达到 120 r/min	(1) 包括连接的设备; (2) 测试前防雷设备必须去掉
各种电源接地电压	季	当接入负载时,交流两极对地电压之比应不大于 3	用 MF-14 型万用表的一个表笔接地,另一表笔接在所测的电源上	万用表的挡位要正确

续表

测试项目	测试周期	技术标准	测试方法	备注
各种电源接地电流	季	直流对地电流不大于 1 mA,交流有隔离变压器的不得大于 20 mA	用 MF-14 型万用表串入 550 Ω/50 W 电阻和 0.5 A 保险,一个表笔接地,另一表笔接在所测的电源上	万用表的挡位要正确
闪光频率	年	每分钟 90~120 次	在一分钟内对闪光次数计数	
自动调压精度	年	交流调压屏的调压速度约为 1.5 V/s;当稳压控制系统发生故障,输出电压升至(420±5)V 时,过压保护应及时动作,切断升压回路,但不应造成停电	将调压屏分别放在自动和手动位置试验检查	
温升检查	年	中间继电器,交流接触器无过热现象,变压器温升不得超过 70 ℃。硅整流元件温升不得超过 100 ℃	利用点温计测试实际温度	
相序核对	半年	主副电源相序一致	将万用表置于高于交流 380 V 的挡位。两个表笔分别接入Ⅰ路和Ⅱ路电源的某一相测出的数值在 0 至几十伏之间,说明所测的两路电源的某相是同相位,同样方法可测出其他两相	电力施工后加测
各种电源串混电检查	年	(1) 两种电源之间的电压不得等于一种电源的两极电压;(2) 两种电源之间的绝缘不得小于 1 MΩ	(1) 电压测试法:检查时根据电源的属性和高低,选择挡位,一只表笔接本电源端子,另一表笔接要测的其他电源端子,测电压即可,注意测试时万用表要有高挡到低挡转换。如有电压,应立即查找。(2) 测试绝缘电阻法:用兆欧表分别将两测试端接在被测电源端子上,摇动兆欧表达到 120 r/min,读取兆欧表读数即可	

2. 25 Hz 电源屏测试周期、标准及方法

25 Hz 电源屏测试周期、标准及方法如表 2.5.2 所示。

表 2.5.2　25 Hz 电源屏测试周期、标准及方法

测试项目	测试周期	技术标准	测试方法	备注
输入电压、电流	日	旧型：电压 50 Hz AC 220 V(+15%～−20%) 97 型：电压 50 Hz　AC 160～260 V 电流：300 VA 型：≤2.8 A 　　　600 VA 型：≤6.1 A	直接在电源屏盘面表头或电脑显示屏上读出，有微机监测的可在微机上直接测得。如在电源屏盘面表头或电脑显示屏上读不到，每月在后面端子上人工测试一次	
局部电源频率输出电压、电流	日	旧型： 轨道：AC(220±11)V、25 Hz 局部：AC(110±5.5)V、25 Hz 97 型： 轨道：AC(220±6.6)V、25 Hz 局部：AC(110±3.3)V、25 Hz	直接在电源屏盘面表头或电脑显示屏上读出，有微机监测的可在微机上直接测得。如在电源屏盘面表头或电脑显示屏上读不到，每月在后面端子上人工测试一次	
相位差检查	年	局部电源电压超前轨道电源电压角度 90°	用相位表测试	
轨道电源频率	年	25 Hz	用频率表测试	
局部电源频率	年	25 Hz	用频率表测试	
各种电源接地绝缘	根据需要	≥1 MΩ	用 500 V 兆欧表测试接地极接地，另一极接电源输出端子，摇动兆欧表达到 120 r/min	(1) 包括连接的设备 (2) 测试前防雷设备必须去掉
各种电源接地电压	季	当接入负载时交流两极对地电压之比应不大于 3	用 MF-14 型万用表一个表笔接地，另一表笔接在所测的电源上	万用表的挡位要正确
各种电源接地电流	季	交流有隔离变压器的不得大于 20 mA(特大站除外)	用 MF-14 型万用表串入 550 Ω/50 W 电阻和 0.5 A 保险，一个表笔接地，另一表笔接在所测的电源上	万用表的挡位要正确

3. 区间电源屏测试周期、标准及方法

区间电源屏测试周期、标准及方法如表 2.5.3 所示。

表 2.5.3　区间电源屏测试周期、标准及方法

测试项目	测试周期	技术标准	测试方法	备注
轨道轨道、站内电码化电压	日	DC 23.5~27.5 V	直接在电源屏盘面表头或电脑显示屏上读出,有微机监测的可在微机上直接测得。如在电源屏盘面表头或电脑显示屏上读不到,每月在后面端子上人工测试一次	
信号点灯电压	日	AC (220±10) V	直接在电源屏盘面表头或电脑显示屏上读出,有微机监测的可在微机上直接测得。如在电源屏盘面表头或电脑显示屏上读不到,每月在后面端子上人工测试一次	
站间联系,灯丝报警电压	日	DC[(24~60)±0.6] V	直接在电源屏盘面表头或电脑显示屏上读出,有微机监测的可在微机上直接测得。如在电源屏盘面表头或电脑显示屏上读不到,每月在后面端子上人工测试一次	
各种电源接地绝缘	根据需要	≥1 MΩ	用 500 V 兆欧表测试接地极接地,另一极接电源输出端子,摇动兆欧表达到 120 r/min	(1) 包括连接的设备;(2) 测试前防雷设备必须去掉
各种电源接地电压	季	当接入负载时交流两极对地电压之比应不大于 3	用 MF-14 型万用表一个表笔接地,另一表笔接在所测的电源上	万用表的挡位要正确
各种电源接地电流	季	直流对地电流不大于 1 mA,交流有隔离变压器的不得大于 20 mA	用 MF-14 型万用表串入 550 Ω/50 W 电阻和 0.5 A 保险,一个表笔接地,另一表笔接在所测的电源上	万用表的挡位要正确

四、注意事项

测试时万用表量程和挡位选择要正确;谨防短路。

五、实训报告

班级		姓名		电话	
实训地点		实训小组		指导老师	
实训项目				实训时间	
实训内容					
性能测试					
实训小结					

模块三

信号基础设备

项目一 继 电 器

一、实训目的

通过实训,熟练掌握 JWXC-1700、JPXC-1000、JYJXC-135/220、JSBXC-850 型继电器的结构、原理作用及特性,掌握继电器接点系统编号、配线及接点与电源间的配线。

二、实训设备

万用表 1 块,秒表 1 块,JWXC-1700、JPXC-1000、JYJXC-135/220、JSBXC-850 型继电器各 1 台。

三、实训指导

(一) JWXC-1700 型继电器

(1) JWXC-1700 型 LXJ 列车信号继电器在 LXZ 列车信号主组合里。
(2) 对照插座接点编号,找出线圈和八组接点的位置。
(3) 接通电源,观察继电器吸起和落下状态。
(4) 将万用表的旋扭放至直流电压挡的 50 V 上,测量继电器吸起时线圈的电压值。

(二) JPXC-1000 型继电器

(1) JPXC-1000 型 DBJ 定位表示继电器在 DD 单动道岔组合里。
(2) 对照插座接点编号,找出线圈和八组接点的位置。(注意:观察该继电器结构与 JWXC-1700 型继电器的区别。)
(3) 接通电源,观察继电器吸起和落下状态。
(4) 将万用表的旋扭放至直流电压挡的 50 V 上,测量线圈的电压值。测量时注意电压的极性。

(三) JYJXC-135/220 型继电器

(1) JYJXC-135/220 型 2DQJ 继电器在 DD 单动道岔组合里。
(2) 对照插座接点编号,找出继电器的前后线圈、两组加强接点、两组普通接点的位置。(注意:观察该继电器的结构和加强接点与普通接点的不同。)

(3) 接通、断开电源,观察继电器定位和反位状态。
(4) 将万用表的旋扭放至直流电压挡的 50 V 上,分别测量前后线圈的电压值。

(四) JZXC-480 型整流继电器

(1) JZXC-480 型继电器在 Q 组合里。
(2) 对照插座接点编号,找出继电器的线圈和接点位置。
(3) 接通电源,观察继电器吸起和落下状态。
(4) 将万用表的旋扭放至电压挡的直流 50 V 上,测量线圈的电压值。
(5) 将万用表的旋扭放至电压挡的交流 50 V 上,测量继电器的交流输入电压值。

(五) JSBXC-850 型时间继电器

(1) JSBXC-850 型时间继电器在 DY 电源组合里。
(2) 对照插座接点编号,观察继电器的连线,算出缓放时间。
(3) 连接不同的端子,改变电阻值,可获取不同的延时时间。

四、注意事项

(1) 使用万用表时一定注意其量程的选择。
(2) 使用万用表时注意电信号的极性。

五、实训报告

班级		姓名		电话	
实训地点		实训小组		指导老师	
实训项目				实训时间	
实训内容					
性能测试					

续表

实训小结	

项目二　继电器的测试

一、实训目的

通过实验，熟练掌握 JWXC-1700、JPXC-1000、JYJXC-135/220、JSBXC-850 型继电器的电气参数测试方法、测试标准以及测量时的注意事项。

二、实训设备

信号继电器综合测试台，JWXC-1700、JPXC-1000、JYJXC-135/220、JSBXC-850 型继电器各 1 台。

三、实训指导

（一）JWXC-1700 型继电器测试

（1）将测试台通电并打开电源开关。
（2）对照继电器型号将继电器插入测试台相应的位置。
（3）将极性选择按钮置于"正"，将电压旋钮旋至最小。
（4）打开测试开关，缓慢升高电压，注意观察接点指示灯，待其全部变为绿灯时，显示器中电压读数即是其工作值。
（5）继续升高电压至工作值的四倍，该值即是充磁值。
（6）反向调低电压，注意观察接点指示灯，待其绿灯全部熄灭时，显示器中电压读数即是其释放值。

（二）JPXC-1000 型继电器测试

方法与步骤同 JWXC-1700 型继电器测试。
但当将极性选择按钮置于"负"时，电压的增加也不能使其处于吸起状态。

（三）JYJXC-135/220 型继电器测试

（1）对照继电器型号将继电器插入测试台相应的位置。
（2）将极性选择按钮置于"正"，将电压旋钮旋至最小。
（3）打开测试开关，缓慢升高电压，注意观察接点指示灯，待其全部变为绿灯时，显示器中电压读数即是反位向定位的转极值。

(4) 关闭测试开关,将极性选择按钮置于"负",将电压旋钮旋至最小。

(5) 打开测试开关,缓慢升高电压,注意观察接点指示灯,待其全部变为红灯时,显示器中电压读数即是定位向反位的转极值。

(四) JSBXC-850 型继电器测试

(1) 对照继电器型号将继电器插入测试台相应的位置。

(2) 将电压旋钮旋至电压为 24 V 的位置,并将选择开关置于测试的时间挡位。

(3) 将秒表置"零",打开测试开关,注意观察接点指示灯,待其全部变为绿灯时,秒表的读数即为其缓吸的时间。

(五) 根据表 3.2.1 测试相关内容

表 3.2.1

型号	额定值	充磁值	电气特性参数(V)			特点
			释放值	工作值	转极值	
JWXC-1700						
JPXC-1000						
JYJXC-135/220						
JSBXC-850			时间特性(s)			
	3	13	30	180		

测量标准:

JWXC-1700 的工作值为_____,释放值为_____;

JPXC-1000 的工作值为_____,释放值为_____;

JYJXC-135/220 定位向反位的转极值为_____;

反位向定位的转极值为_____。

四、注意事项

(1) 每次测试台插座板中仅测试一个继电器。

(2) 每测试完一个继电器必须关掉测试电源之后再进行更换。

(3) 电压调节旋钮必须缓慢增加或降低。

五、实训报告

班级		姓名		电话	
实训地点		实训小组		指导老师	
实训项目				实训时间	
实训内容					
性能测试					
实训小结					

项目三　利用继电器控制红绿灯电路

一、实训目的

（1）掌握 JWXC 型无极继电器的工作原理。
（2）促使学生运用继电器接点，画出红绿灯电路控制图。
（3）掌握焊接布线等基本工艺。

二、实训设备

交流电源 220 V，直流电源 24 V，红、绿灯泡各 1 个，23×0.15 软线若干，JWXC-1700 继电器，电烙铁，焊锡，剥线钳，平口螺丝刀，十字螺丝刀，偏口钳，尖嘴钳等。

三、实验指导

（1）继电器失磁落下，红灯亮；继电器励磁吸起，绿灯亮。
（2）在此基础上可以做自闭电路。
注意：如时间允许，可以做延时电路。

四、注意事项

（1）爱护实验器材。
（2）接线完毕后，老师检查合格方可通电。

五、实训报告

班级		姓名		电话	
实训地点		实训小组		指导老师	
实训项目				实训时间	
实训内容					

续表

性能测试	
实训小结	

项目四　色灯信号机的认知

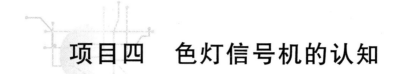

一、实训目的

(1) 掌握各类色灯信号机的结构。
(2) 掌握各类色灯信号机的特性。
(3) 能区别各类信号机。

二、实训设备

透镜式色灯信号机,组合式色灯信号机,LED色灯信号机,设备钥匙,套筒,螺丝刀,扳手等常用工具。

三、实训指导

(1) 从外观观看透镜式色灯信号机,了解透镜式色灯信号机的外部结构,能够知道每一部分的名称和作用,掌握透镜式色灯信号机的分类、不同透镜式色灯信号机的不同点。
(2) 打开透镜式色灯信号机的后盖,观察透镜式色灯信号机的内部结构,查看灯泡、灯座、接线端子等零部件,了解其构造。
(3) 观察透镜式色灯信号机的点灯装置,查看信号变压的外观和接线端子,了解其型号。
(4) 观看灯丝转换变压器,观察其结构,了解其功能。
(5) 观察LED色灯信号机,观察其外观,并和透镜式色灯信号机做比较,观察有什么不同。
(6) 打开LED色灯信号机的内部,观看其结构。查看发光盘和透镜组,并与透镜式色灯信号机作比较,思考两者有什么不同点,总结LED色灯信号机的优点。
(7) 观察组合式色灯信号机,它与透镜式色灯信号机相比有什么特点。
(8) 打开组合式色灯信号机的内部,观察其内部结构,与透镜式色灯信号机作比较,观察结构上有什么不同点,根据其结构思考组合式色灯信号机有什么优点。
(9) 对三种类型的色灯信号机进行分析比较。

四、注意事项

(1) 注意电源,不要随意用手碰接线端子。
(2) 根据场地要求,每几个人分成一组,便于观察。

五、实训报告

班级		姓名		电话	
实训地点		实训小组		指导老师	
实训项目				实训时间	
实训内容					
性能测试					
实训小结					

项目五　信号机电气特性测试

一、实训目的

(1) 掌握色灯信号机的测试方法、测试内容。
(2) 熟练掌握各种信号机点灯电路。

二、实训设备

信号机1架,万用表1块,设备钥匙,套筒,螺丝刀,扳手等常用工具。

三、实训指导

色灯信号机测试周期、标准及方法如表 3.5.1 所示。

表 3.5.1　色灯信号机测试周期、标准及方法

测试项目	测试周期	技术标准	测试方法	备注
变压器Ⅰ、Ⅱ次电压	年		用万用表直接在变压器Ⅰ、Ⅱ次侧(满负载)端子上测试	
主灯丝点灯灯端电压	年	列车信号机:10.2～11.4 V 调车信号机:9～11.4 V 容许信号机:7.8～10.2 V	用万用表在灯座的主灯丝端子和公共端子上测得	
副灯丝点灯灯端电压	年	列车信号机:10.2～11.4 V 调车信号机:9～11.4 V 容许信号机:7.8～10.2 V	(1) 卸下主灯丝端子或变压器主灯丝配线,点亮副灯丝测试。 (2) 装有灯丝转换装置的,按下试验装置测试	
变压器Ⅱ次线圈对地绝缘测试	年	绝缘电阻大于 5 MΩ	用 500 V 兆欧表的接地极接地,一极接变压器Ⅱ次端子,摇动兆欧表,表上的读数即为该变压器Ⅱ次侧绝缘值	发现绝缘突变时应及时分析查找
更换灯泡或器材时测试该灯位各项				

四、注意事项

（1）在对点灯单元进行测试时要站稳扶好梯子。
（2）熟悉表 3.5.1 中的测试内容，并知道所测电压的正常范围。
（3）测试结束，锁好点灯单元。

五、实训报告

班级		姓名		电话	
实训地点		实训小组		指导老师	
实训项目				实训时间	
实训内容					
性能测试					
实训小结					

项目六　信号显示调整

一、实训目的

(1) 掌握色灯信号机的显示要求。
(2) 掌握色灯信号机的调整方法。

二、实训设备

信号机1架,设备钥匙,套筒,螺丝刀,扳手,瞄准镜,标尺,必要的通信工具(对讲机)等。

三、实训指导

(一) 各类信号机显示的距离要求

(1) 进站、通过、遮断,要求距离≥1 000 m。
(2) 高柱出站、进路信号机,要求距离≥800 m;矮型出站、进路,要求距离≥200 m。
(3) 预告、驼峰、驼峰辅助信号机,要求距离≥400 m。
(4) 调车、复示信号机、容许、引导以及各种信号表示器,要求距离≥200 m。

(二) 实训内容及步骤

(1) 将瞄准镜插入瞄准镜插孔。
(2) 一人拿着标尺指定位置。
(3) 松动信号机托架上的螺栓。
(4) 转动信号机机构,让瞄准镜的中心对准标尺的指定高度。
(5) 拧紧信号机托架螺栓。

四、注意事项

(1) 站在梯子上调整信号机时注意安全。
(2) 人员要密切配合。
(3) 调节要注意水平和垂直方向调节顺序。

五、实训报告

班级		姓名		电话	
实训地点		实训小组		指导老师	
实训项目				实训时间	
实训内容					
性能测试					
实训小结					

项目七 信号机检修

一、实训目的

(1) 掌握色灯信号机的检修内容和方法。
(2) 掌握色灯信号机的检修标准。

二、实训设备

信号机 1 架,万用表 1 块,设备钥匙,套筒,螺丝刀,扳手等常用工具。

三、实训指导

(一) 流程图

如图 3.7.1 所示流程图。

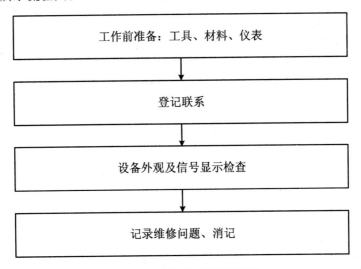

图 3.7.1 信号机检修流程图

（二）作业指导书

1. 作业前准备

（1）召开作业准备会，作业负责人布置检修任务，明确作业地点、时间、任务及相关人员分工。

（2）作业安全准备，由安全员布置劳动安全和行车安全的具体措施并督导检查。

（3）工具材料准备，包括通信工具、机油、棉纱等。

（4）穿着防护服、绝缘鞋。

2. 登记联系、防护

驻站联络员应按规定时间在运转室提前联系登记要点，掌握预计给点时间，及时通知室外作业人员。室外人员上道，室内防护员要及时做好列车预告防护工作。室外人员到达现场时，通报自己所在信号机位置。

3. 机构及箱盒内部检修

（1）内部清洁，防尘、防水设施良好。

（2）透镜安装牢固，且无裂纹、破损和漏水可能。

（3）灯座、灯口安装牢固不活动，弹片压力适当，接触良好。

（4）各部螺丝紧固，螺帽垫片齐全。

（5）器材类型正确、不超期、固定良好。

（6）配线整齐，绑扎牢固，无破皮和老化。

（7）铭牌齐全、正确，字迹清楚。

（8）图纸、资料保存完好，与实物相符，无涂改。

（9）地线检查良好。

（10）备用灯泡有老化标记。

（11）高柱机构外缘与回流线、接触网带电部分距离标准：距回流线不小于 1 m，距接触网带电部分不小于 2 m。

4. 试验

（1）主、副灯丝转换试验，报警良好。

（2）更换灯泡后检查（或调整）信号显示距离。

（3）进行Ⅰ级测试并记录。

① 变压器Ⅰ、Ⅱ次电压：用万用表直接在变压器Ⅰ、Ⅱ次侧（满负载）端子上测试。

② 主灯丝点灯灯端电压：用万用表在灯座的主灯丝端子和公共端子上测得。列车信号机为 10.2~11.4 V，调车信号机为 9~11.4 V，容许信号机为 7.8~10.2 V。

③ 副灯丝点灯灯端电压：卸下主灯丝端子或变压器主灯丝配线，点亮副灯丝测试。装有灯丝转换装置的，按下试验装置测试。列车信号机为 10.2~11.4 V，调车信号机为 9~11.4 V，容许信号机为 7.8~10.2 V。

④ 变压器Ⅱ次线圈对地绝缘测试：用 500 V 兆欧表的接地极接地，一极接变压器Ⅱ次端子，摇动兆欧表，表上的读数即为该变压器Ⅱ次侧绝缘值。绝缘电阻大于 5 MΩ。

（4）消记、加锁。

(5) 信号机设备维修标准(表 3.7.1)。

表 3.7.1　信号机设备维修标准

设备名称	电气特性标准	机械特性标准	维修标准
信号机	(1) 变压器Ⅰ、Ⅱ次电压:用万用表直接在变压器Ⅰ、Ⅱ次侧(满负载)端子上测试; (2) 主灯丝点灯灯端电压:列车信号机:10.2~11.4 V,调车信号机:9~11.4 V,容许信号机:7.8~10.2 V; (3) 副灯丝点灯灯端电压:列车信号机:10.2~11.4 V,调车信号机:9~11.4 V,容许信号机:7.8~10.2 V; (4) 变压器Ⅱ次线圈对地绝缘测试:绝缘电阻大于 5 MΩ	(1) 信号显示距离符合《技规》规定; (2) 建筑限界检查; (3) 高柱信号机机构与梯子、梯子与地线连接良好; (4) 灯座、灯口安装牢固不活动,弹片压力适当,接触良好; (5) 高柱机构外缘与回流线、接触网带电部分距离标准:距回流线不小于1 m,距接触网带电部分不小于2 m	(1) 设备无外界干扰; (2) 基础、机柱、机构、梯子安装稳固; (3) 水泥机柱不得有裂通圆周的裂纹,超过半周的应采取加固措施,纵向裂纹钢筋不得外露;任何部分不得侵入接近限界;机柱的倾斜度不超过 36 mm,机柱顶部不漏水;基础歪斜限度不超过 10 mm; (4) 梯子不弯曲,支架水平,梯子中心与机柱中心一致; (5) 箱盒、机构、梯子、蛇管无损伤,开口销齐全、螺丝紧固,各部位加锁装置良好; (6) 设备名称清晰正确; (7) 硬化面整洁无杂物; (8) 内部清洁,防尘防水设施良好; (9) 透镜安装牢固,且无裂纹、破损和漏水可能; (10) 各部螺丝紧固,螺帽垫片齐全; (11) 器材类型正确不超期,固定良好; (12) 配线整齐、绑扎牢固,无破皮和老化; (13) 铭牌齐全、正确,字迹清楚; (14) 图纸、资料保存完好,与实物相符,无涂改; (15) 地线检查良好; (16) 备用灯泡有老化标记; (17) 主、副灯丝转换试验,报警良好

四、注意事项

(1) 检修时要按照标准执行。把信号机都调整到标准要求。
(2) 检修时注意人身和设备的安全。
(3) 安全风险卡控,如表 3.7.2 所示。

表 3.7.2　风险点及相应卡控措施

风　险　点	卡控措施
人身安全	严格执行"三个不能"相关要求。防护员要不间断和室内保持联系，做好车辆预报，通知所有作业人员及时下道
作业中人身安全	高空作业人员必须使用安全带
作业中人身安全	防止人员机具侵入接触网安全距离
作业中人身安全	禁止上、下同时作业，防止物体坠落砸伤人员及设备
行车设备安全	防止检修及测试漏项
行车设备安全	设备隐患必须及时得到处理，防止检修后发生故障

五、实训报告

班级		姓名		电话	
实训地点		实训小组		指导老师	
实训项目				实训时间	
实训内容					
性能测试					
实训小结					

项目八　480型轨道电路的测试

一、实训目的

(1) 熟悉极性交叉的概念和实现极性交叉的作用。
(2) 掌握JZXC-480型交流轨道电路的测试和调整方法。

二、实训设备

万用表1块,5 mm套筒扳手1把,6 mm套筒扳手1把,常用工具1套,轨道电路双线图,0.06 Ω标准分路线。

三、实训指导

(一) 极性交叉的调整

JZXC-480型交流轨道电路极性交叉的测试及调整。

1. 测试方法

根据图3.8.1,先测出两轨面电压U_1和U_2,然后分别将万用表跨接在两组绝缘节上,测出绝缘上电压U_3和U_4。如果$U_1+U_2=U_3+U_4$,则说明极性交叉正确;如果$U_1+U_2\neq U_3+U_4$,则说明极性交叉不正确。

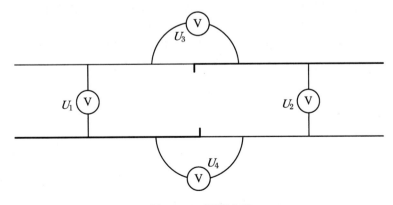

图 3.8.1　测试电路

2. 调整方法

按照双线轨道电路图的极性交叉,由车站的一个咽喉向另一个咽喉逐步测试极性交叉是否正确。若不正确，调换送端变压器抽头，使之极性交叉。全站测试完毕，在更换变压器时，注意不要把送端的抽头接反，否则将不能实现极性交叉。

（二）测试周期、标准及方法

480型轨道电路的测试周期、标准及方法如表3.8.1所示。

表3.8.1　480型轨道电路的测试周期、标准及方法

测试项目	测试周期	技术标准	测试方法	备注
电源变压器Ⅰ次电压、Ⅱ次电压	半年		用万用表直接在室外变压器Ⅰ、Ⅱ次侧端子上测得	
送、受端限流器电压	半年	限流器电压一般大于送端轨面电压	用万用表交流挡在限流电阻引出端子上测得	
送、受端轨面电压	半年		在轨面上分别测出送、受端轨面上电压	
机车信号短路电流	年	载频550 Hz，>50 mA；载频650 Hz，>40 mA；载频750 Hz，>33 mA；载频850 Hz，>27 mA	模拟列车运行方向，分别在轨道区段送、受电端（机车入口、出口各一次）轨面，用0.06 Ω标准分路线分路，再用钳型表（或移频表）测试短路电流或用0.06 Ω电流表直接测得	
轨道绝缘测试检查	半年	使用GDJY-B型轨道绝缘在线测试仪欧姆挡测量 轨端绝缘： >20 Ω：良好； >5 Ω：重点监测； <5 Ω：建议更换。 鱼尾板绝缘： >100 Ω：良好； >50 Ω：重点监测； <50 Ω：建议更换	（1）使用GDJY-B型轨道绝缘在线测试仪欧姆挡测量； （2）日常判断时：测出轨面对另一侧钢轨内、外夹板上的电压值，用同样方法测出另一侧的电压值	绝缘检查良好填写"良好"，不好的立即处理
分路残压	半年	不大于2.7 V	分别用0.06 Ω分路线在送、受端分路，室内测试GJ轨道线圈电压	分路残压超标时，应立即按规定在《运统—46》上登记

续表

测试项目	测试周期	技术标准	测试方法	备注
GJ 端电压	天	根据轨道电路调整表	(1) 在轨道电压测试盘上测试； (2) 在微机监测上测试	
极性交叉检查	年	与相邻区段有交叉	先测轨面电压 U_1、U_2，在测出 U_3、U_4，当 $U_1+U_2 \approx U_3+U_4$ 时，说明极性交叉正确，否则不正确	在对轨道电路进行调整后，必须进行检查，正确的填"正确"，错误的填"错误"，并进行调整

四、注意事项

（1）分路电阻应与钢轨可靠接触，尽量减小接触电阻。

（2）发现某区段极性交叉不正确时，不要立即进行调整，应等整个回路全部测试完毕，再进行调整。

五、实训报告

班级		姓名		电话	
实训地点		实训小组		指导老师	
实训项目				实训时间	
实训内容					
性能测试					

续表

实训小结	

项目九 25 Hz 相敏轨道电路的测试

一、实训目的

(1) 熟悉极性交叉的概念和实现极性交叉的作用。
(2) 掌握 JZXC-480 型交流轨道电路和 25 Hz 相敏轨道电路极性交叉的测试和调整方法。

二、实训设备

万用表 1 块，5 mm 套筒扳手 1 把，6 mm 套筒扳手 1 把，常用工具 1 套，轨道电路双线图，0.06 Ω 标准分路线。

三、实训指导

(一) 25 Hz 相敏轨道电路极性交叉的测试及调整

1. 测试方法

双扼流：按图 3.9.1 所示测试电路，如果 $2U_3 > U_1$，且 $2U_3 > U_2$，则说明极性正确。

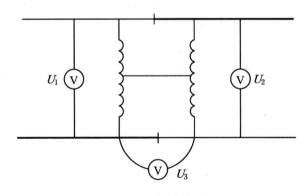

图 3.9.1 测试电路图(1)

无扼流变压器或单扼流：按图 3.9.2 测试电路，如果 $U_3 < U_1$，且 $U_3 < U_2$，则说明极性正确。

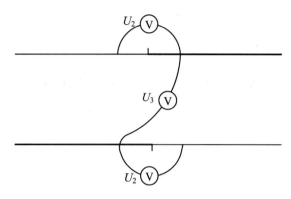

图 3.9.2　测试电路图(2)

2. 调整方法

调整方法与 480 型轨道电路相同,但是在调换送端变压器抽头位置时,该区段的受端抽头也应调换,否则二元二位继电器不能正常工作。当极性交叉正确后,在更换变压器时,不要改变送端变压器的抽头位置,以保证极性交叉的正确性。

3. 记录数据

将 0.06 Ω 标准分路电阻器放在两根钢轨上,测量受电端中继变压器的二次绕组两端的电压,记录数据;改变分路电阻器放置位置,重新测量数据并记录。

(二) 测试周期、标准及方法

25 Hz 相敏轨道电路的测试周期、标准及方法如表 3.9.1 所示。

表 3.9.1　25 Hz 相敏轨道电路的测试周期、标准及方法

测试项目	测试周期	技术标准	测试方法	备注
电源变压器Ⅰ次电压、Ⅱ次电压	半年		用万用表直接在室外变压器Ⅰ、Ⅱ次侧端子上测得	
送、受端限流器电压	半年		用万用表交流挡在限流电阻引出端子上测得	
扼流变压器Ⅰ、Ⅱ次电压	半年		在扼流变压器端子上测得	钢轨一侧的为Ⅱ次,通向室内方向的为Ⅰ次
不平衡电流及不平衡率	按需要	旧型不平衡率≤5%;97 型不平衡率≤10%	(1) 用钳型表分别在送、受端扼流变压器两根轨道侧钢丝绳上测得。不平衡率的计算公式: $[\,|I_1-I_2|/(I_1+I_2)\,]\times 100\%$ (2) 用不平衡电流测试仪直接测得	

续表

测试项目	测试周期	技术标准	测试方法	备注
送、受端轨面电压	半年		在轨面上分别测出送、受端轨面上电压	3V化区段测试
扼流变压器VC电压	半年		用万用表在电容器两端测得	
扼流变压器VL电压	半年		用万用表在电感线圈两端测得	
扼流变压器VC/VL	半年	≤4.6	用VC电压值除以VL电压值	
干扰抑制器电压	半年		用万用表在干扰抑制器两引线端子上测得	
机车信号短路电流	年	交流计数电码化区段机车信号短路电流不小于1.4 A,经验值一般在1.8~3.0 A之间;ZPW-2000A电码化区段机车信号短路电流不小于500 mA	模拟列车运行方向,分别在轨道区段送、受电端(机车入口、出口各一次)轨面用0.06 Ω标准分路线分路,再用钳型表(或移频表)测试短路电流或用0.06 Ω电流表直接测得	ZPW-2000 A电码化区段机车入口使用0.15 Ω分路线,机车出口使用0.06 Ω分路线
轨道绝缘测试检查	半年	使用GDJY-B型轨道绝缘在线测试仪欧姆挡测量 轨端绝缘: >20 Ω:良好; >5 Ω:重点监测; <5 Ω:建议更换; 鱼尾板绝缘: >100 Ω:良好; >50 Ω:重点监测; <50 Ω:建议更换	(1) 使用GDJY-B型轨道绝缘在线测试仪欧姆挡测量; (2) 日常判断时,测出轨面对另一侧钢轨内、外夹板上的电压值,用同样方法测出另一侧的电压值	绝缘检查良好填写"良好",不好的立即处理
分路残压	半年	旧型不大于7 V; 97型不大于7.4 V; 电子型接受盒不大于10 V	分别用定压测试仪0.06 Ω分路线在送、受端分路,室内测试GJ轨道线圈电压	分路残压超标时,应立即按规定在《运统—46》上登记
GJ端电压	天	根据轨道电路调整表	(1) 在轨道电压测试盘上测试; (2) 在微机监测上测试	

测试项目	测试周期	技术标准	测试方法	备注
极性交叉检查	年	与相邻区段有交叉	有扼流时,如图 2.9.3 所示,先测轨面电压 U_1、U_2,再测出 U_3,若 $2U_3>U_2$,$2U_3>U_1$ 同时成立,说明极性交叉正确,否则不成立; **图 2.9.3** 无扼流时(适用于 480 型轨道电路),如图 2.9.4 所示,分别测出 U_1、U_2、U_3 电压,若 $U_3<U_1$,$U_3<U_2$ 同时成立,说明极性交叉正确,否则不成立 **图 2.9.4**	在对轨道电路进行调整后,必须进行检查,正确的填"正确",错误的填"错误"并进行调整

四、注意事项

(1) 25 Hz 相敏轨道电路极性交叉测试时,如果存在干扰电流,可使用相位表测量。

(2) 发现某区段极性交叉不正确时,不要立即进行调整,应等整个回路全部测试完毕,再进行调整。

五、实训报告

班级		姓名		电话	
实训地点		实训小组		指导老师	
实训项目				实训时间	
实训内容					
性能测试					
实训小结					

项目十 480 型轨道电路的检修

一、实训目的

(1) 通过实训,熟悉 JZXC-480 型交流轨道电路的组成及工作原理,掌握轨道电路的供电规律。

(2) 掌握 JZXC-480 型交流轨道电路日常维修的技术标准,学会轨道电路各部位电压及分路残压值的测量。

二、实训设备

0.06 Ω 标准分路线,一段完整的 JZXC-480 型交流轨道电路区段,万用表 1 块,设备钥匙,扳手,套筒等常用工具。

三、实训指导

(一) JZXC-480 型轨道电路维修标准

JZXC-480 型轨道电路维修标准如表 3.10.1 所示。

表 3.10.1 JZXC-480 型轨道电路维修标准

设备名称	电气特性标准	机械特性标准	维修标准
JZXC-480 型轨道电路	(1) 电源变压器Ⅰ次电压、Ⅱ次电压:用万用表直接在室外变压器Ⅰ、Ⅱ次侧端子上测得; (2) 送、受端限流器电压:送端限流器电压一般大于轨面电压; (3) 送、受端轨面电压:在轨面上分别测出送、受端轨面上电压; (4) 机车信号短路电流: 载频 550 Hz,>50 mA; 载频 650 Hz,>40 mA; 载频 750 Hz,>33 mA; 载频 850 Hz,>27 mA;	限流电阻辅助线、片作用良好,各制式轨道电路限流电阻阻值符合规定:480 型轨道电路送端限流电阻(包括引接线电阻),道岔区段不小于 2 Ω,在道床不良的到发线上不小于 1 Ω;其余同 25 Hz 轨道电路机械特性标准	(1) 箱盒无破损,加锁装置良好,号码清楚、正确; (2) 基础倾斜度不超过 10 mm,箱盒底距地面不少于 150 mm,排水良好,各部螺栓油润、紧固、满帽; (3) 硬面整洁无杂物; (4) 轨距杆绝缘外观检查,安装良好; (5) 箱盒内部清洁,防尘、防潮设施良好,铭牌齐全、正确,字迹清楚; (6) 箱盒内部螺丝紧固,配线良好、整洁、无破皮及混线可能,焊点焊接良好;

续表

设备名称	电气特性标准	机械特性标准	维修标准
JZXC-480型轨道电路	(5) 轨道绝缘测试：(使用 GDJY-B 型轨道绝缘在线测试仪欧姆挡测量 轨端绝缘： >20 Ω：良好； >5 Ω：重点监测； <5 Ω：建议更换； 鱼尾板绝缘： >100 Ω：良好； >50 Ω：重点监测； <50 Ω：建议更换； (6) 分路残压：不大于 2.7 V； (7) GJ 端电压：根据轨道电路调整表； (8) 极性交叉检查：与相邻区段有交叉		(7) 器材类型正确，无过热现象，不超期，印封完整，安装牢固； (8) 对熔断器、限流器开关外观进行检查，核对容量并检查接触良好； (9) 图纸、资料保存完好，与实物相符，无涂改

(二) 实训内容与步骤

(1) 在控制台上认识轨道电路，要求能够识别不同的轨道电路名称。当轨道电路处于调整状态、分路状态（扳下室内模拟盘钮子开关相当于有车占用）、锁闭状态（开放通过本轨道电路的信号）时，分别观察控制台上的光带颜色和组合架上的轨道继电器状态，并将观察结果填入表 3.10.2。

表 3.10.2

轨道电路状态	控制台上轨道电路光带颜色	轨道继电器状态
调整状态		
分路状态		
锁闭状态		

(2) 分别用钥匙打开室外送受电端 XB2 变压器箱，对照室外轨道电路设备，熟悉 JZXC-480 型轨道电路的组成，并按表 3.10.3 要求填写设备各部件型号（规格）。

表 3.10.3

设备名称		型号(规格)
送电端	熔断器	
	轨道变压器	
	限流器	
	钢轨引接线	
受电端	钢轨引接线	
	中继变压器	
	轨道继电器	

（3）按照 JZXC-480 型轨道电路的送电规律，即室内分线盘—送电端—钢轨—受电端—室内分线盘，使用万用表依次进行测量。要求分别测试调整状态和分路状态，并将测试结果填入表 3.10.4。

表 3.10.4

轨道电路状态	测试项目		测试值
调整状态	室内分线盘送电电压		
	送电端	轨道变压器Ⅰ次电压	
		轨道变压器Ⅱ次电压	
		限流器电压	
		轨面电压	
	受电端	轨面电压	
		中继变压器Ⅰ次电压	
		中继变压器Ⅱ次电压	
	室内分线盘受电电压		

续表

轨道电路状态		测试项目	测试值
分路状态		室内分线盘送电电压	
	送电端	轨道变压器Ⅰ次电压	
		轨道变压器Ⅱ次电压	
		限流器电压	
		轨面电压	
	受电端	轨面电压	
		中继变压器Ⅰ次电压	
		中继变压器Ⅱ次电压	
		室内分线盘受电电压	

(4) 测试 GJ 端电压为_____。

(5) JZXC-480 型轨道电路分路残压测量。使用 0.06 Ω 标准分路线在轨道电路内任何一处轨面上可靠分路时,均应使轨道继电器可靠落下,轨道继电器的交流残压值应不大于 2.7 V。

四、注意事项

(1) 在对轨道电路送、受电端进行测试时,打开变压器箱后,用手慢慢将箱盖打开并放稳,不可用力过大而拆散变压器盖销子。

(2) 在测量轨道电路送、受电端电压时,应合理选择万用表量程。

五、实训报告

班级		姓名		电话	
实训地点		实训小组		指导老师	
实训项目				实训时间	
实训内容					

续表

性能测试	
实训小结	

项目十一　25 Hz 相敏轨道电路的检修

一、实训目的

(1) 通过实训,熟悉 25 Hz 相敏轨道电路的组成及工作原理,掌握轨道电路的供电规律。
(2) 掌握 25 Hz 相敏轨道电路的技术标准,学会测量轨道电路各部位电压及分路残压值。

二、实训设备

0.06 Ω 标准分路线,一段完整的 25 Hz 轨道电路,万用表 1 块,设备钥匙,扳手,套筒等常用工具。

三、实训指导

(一) 25 Hz 相敏轨道电路设备维修标准

25 Hz 相敏轨道电路设备维修标准如表 3.11.1 所示。

表 3.11.1　25 Hz 相敏轨道电路设备维修标准

设备名称	电气特性标准	机械特性标准	维修标准
25 Hz 相敏轨道电路	(1) 电源变压器Ⅰ次电压、Ⅱ次电压:用万用表直接在室外变压器Ⅰ、Ⅱ次侧端子上测得; (2) 送、受端限流器电压:用万用表交流挡在限流电阻引出端子上测得; (3) 扼流变压器Ⅰ、Ⅱ次电压:在扼流变压器端子上测得; (4) 送、受端轨面电压:在轨面上分别测出送、受端轨面上电压; (5) 扼流变压器 VC 电压:用万用表在电容器两端测得;	(1) 采用双引接线,固定在枕木或其他专用的设备上,不得埋于土或石碴中,油润不锈蚀,断股不得超过 1/5; (2) 引接线处不得有防爬器和轨距杆等物;穿越钢轨处,距轨底不应小于 30 mm,并进行绝缘防护,不得与可能造成短路的金属件接触; (3) 钢轨绝缘应做到钢轨、槽形缘、鱼尾板相吻合,轨端绝缘安装应与钢轨接头保持平直;道钉、扣件不得碰绝缘鱼尾板;装有钢轨绝缘处的轨缝应保持在 6～10 mm;两钢轨头部保持水平,高低相差不大于 2 mm;在钢轨绝缘处的轨枕保持坚固,道床捣固良好;	(1) 箱盒无破损,加锁装置良好,号码清楚、正确; (2) 基础倾斜度不超过 10 mm,箱盒底距地面不少于 150 mm,排水良好;各部螺栓油润、紧固、满帽; (3) 硬面整洁无杂物; (4) 扼流变压器连接线、中心连接板(线)连接紧固,防混良好; (5) 轨距杆绝缘外观检查和安装良好; (6) 带吸上线的空扼流变压器引接线良好

续表

设备名称	电气特性标准	机械特性标准	维修标准
25 Hz 相敏轨道电路	(6) 扼流变压器 VL 电压:用万用表在电感线圈两端测得; (7) 扼流变压器 VC/VL≤4.6; (8) 干扰抑制器电压:用万用表在干扰抑制器两引线端子上测得; (9) 机车信号短路电流:ZPW-2000 A 电码化区段机车信号短路电流不小于 500 mA; (10) 轨道绝缘测试检查:使用 GDJY-B 型轨道绝缘在线测试仪欧姆挡测量 轨端绝缘: ＞20 Ω:良好; ＞5 Ω:重点监测; ＜5 Ω:建议更换。 鱼尾板绝缘: ＞100 Ω:良好; ＞50 Ω:重点监测; ＜50 Ω:建议更换; (11) 分路残压:旧型不大于 7 V;97 型不大于 7.4 V; (12) GJ 端电压:根据轨道电路调整表 (13) 极性交叉检查:与相邻区段有交叉	(4) 接续线采用双套,塞钉打入深度与轨腰平,露出不超过 5 mm,塞钉与塞钉孔要全面紧密接触,并涂漆封闭,线条平、紧、直;钢绞线应油润无锈,断股不超过 1/5; (5) 轨道电路的道岔跳线应采用双跳线;岔心导电销焊接良好,道岔跳线处不得有防爬器和轨距杆等物;穿越钢轨处,距轨底不应小于 30 mm,并进行绝缘防护,不得与可能造成短路的金属件接触; (6) 限流电阻辅助线、片作用良好,各制式轨道电路限流电阻阻值符合规定;25 Hz 相敏轨道电路符合调整表规定	(7) 箱盒内部清洁,防尘、防潮设施良好,铭牌齐全、正确,字迹清楚; (8) 箱盒内部螺丝紧固,配线良好、整洁、无破皮及混线可能,焊点焊接良好; (9) 器材类型正确,无过热现象,不超期,印封完整,安装牢固; (10) 25 Hz 相敏轨道电路受端轨道变压器变比,均应按参考调整表中的给出值选取,不允许随意调整; (11) 熔断器、限流器开关外观检查良好,核对容量并检查接触良好; (12) 图纸、资料保存完好,与实物相符,无涂改

(二) 实训内容与步骤

(1) 分别用钥匙打开室外送、受电端 XB2 变压器箱,对照室外轨道电路设备,熟悉 25 Hz 相敏轨道电路的组成,并按表 3.11.2 要求填写设备各部件型号及规格。

表 3.11.2

设备名称		型号（规格）
送电端	熔断器	
	轨道变压器	
	限流器	
	扼流变压器	
	钢轨引接线	
受电端	钢轨引接线	
	扼流变压器	
	中继变压器	
	防雷补偿器	
	防护盒	
	轨道继电器	

（2）按照 25 Hz 相敏轨道电路的送电规律，即室内分线盘—送电端—钢轨—受电端—室内分线盘，使用万用表依次进行测量。要求分别测试调整状态和分路状态，并将测试结果填入表 3.11.3。

表 3.11.3

轨道电路状态	测试项目			测试值
调整状态	室内分线盘送电电压			
	送电端	轨道变压器Ⅰ次电压		
		轨道变压器Ⅱ次电压		
		限流器电压		
		轨面电压		
	受电端	轨面电压		
		中继变压器Ⅰ次电压		
		中继变压器Ⅱ次电压		
	室内分线盘受电电压			
分路状态	室内分线盘送电电压			
	送电端	轨道变压器Ⅰ次电压		
		轨道变压器Ⅱ次电压		
		限流器电压		
		轨面电压		
	受电端	轨面电压		
		中继变压器Ⅰ次电压		
		中继变压器Ⅱ次电压		
	室内分线盘受电电压			

(3) 测试 GJ(3、4 线圈)端电压为_____。

(4) 25 Hz 相敏轨道电路分路残压测量。使用 0.06 Ω 标准分路线在轨道电路内任何一处轨面上可靠分路时,均应使轨道继电器可靠落下,轨道继电器的交流残压值应不大于 7 V。

四、注意事项

(1) 在对轨道电路送、受电端进行测试时,打开变压器箱后,用手慢慢将箱盖打开并放稳,不可用力过大而拆散变压器盖销子。

(2) 在测量轨道电路送、受电端电压时,应合理选择万用表量程。

五、实训报告

班级		姓名		电话	
实训地点		实训小组		指导老师	
实训项目				实训时间	
实训内容					
性能测试					
实训小结					

项目十二　ZD6 转辙机的拆装

一、实训目的

(1) 熟悉 ZD6 型电动转辙机的结构和各部件作用。
(2) 掌握 ZD6 型电动转辙机的整体动作过程。
(3) 熟练掌握 ZD6 型电动转辙机的拆装。

二、实训设备

套筒,手锤,螺丝刀。

三、实训指导

(1) 观察 ZD6 电动转辙机动作情况。在指导教师的指导下,启动 ZD6 型电动转辙机机盖,观察其主要部件;然后闭合安全接点,进行通电单操道岔转换,观察转辙机动作情况。
① 道岔正常转换到底,ZD6 型电动转辙机各主要部件的工作状态;
② 道岔转换中途受阻,ZD6 型电动转辙机各主要部件的工作状态。
(2) 观察 ZD6 电动转辙机动作情况后,各组学生对整机进行分解实作。
第一步:分解直流电动机。观察电机齿轮、定子、转子、炭刷。
第二步:分解减速器、摩擦连接器。
① 观察内齿轮与外齿轮的连接;
② 观察内齿轮与摩擦连接器的连接;
③ 观察输入轴与偏心轴套的连接;
④ 观察外齿轮与输出轴的连接;
第三步:分解自动开闭器。
① 观察自动开闭器的组成和动作情况;
② 调整动接点打入静接点的深度;
③ 观察自动开闭器动接点,检查块,速动爪,启动片,表示杆,定反位缺口,道岔尖轨及基本轨间开口距离等相互动作关系。
第四步:分解转换锁闭器。
① 观察主轴带动锁闭齿轮,通过与齿条块配合完成转换和锁闭道岔的动作过程;
② 观察移位接触器断开表示的工作过程;
③ 观察齿条块与动作杆的连接,分析挤岔时的动作过程。
(3) 完成转辙机分解后,各组学生对整机进行组装实作。

第一步:安装齿条块和动作杆。
第二步:安装锁闭齿轮和输出轴。
第三步:安装启动片和速动片。
第四步:安装自动开闭器。
第五步:安装减速器。
第六部:安装电机。
(4) 完成了上述转辙机组装内容后,进行手动转换道岔试验,观察各部连接和动作情况。

四、注意事项

(1) 拆装转辙机部件时,应双手拿稳,防止部件跌落砸伤手脚。
(2) 分解转辙机部件时,应保存好螺丝、螺帽,不要随手乱放。

五、实训报告

班级		姓名		电话	
实训地点		实训小组		指导老师	
实训项目				实训时间	
实训内容					
性能测试					
实训小结					

项目十三 S700K 转辙机的拆装

一、实训目的

(1) 熟悉 S700K 型电动转辙机的结构和各部件作用。
(2) 熟练掌握 S700K 型电动转辙机的拆装。

二、实训设备

套筒,螺丝刀,扳手,钥匙,手摇把,手锤。

三、实训指导

(一) S700K 电动转辙机认知

S700K 电动转辙机由底壳、机盖、动作杆、电动机、电缆密封装置、滚珠丝杠驱动装置、保持连接器、检测杆、接地螺栓、锁闭块、遮断开关、电缆插座、摩擦连接器、摇把齿轮等组成(图3.13.1),根据其每个零部件的特点进行拆装。

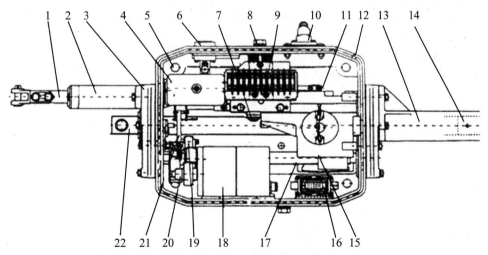

1.检测杆;2.导向套筒;3.导向法兰;4.遮断开关;5.地脚孔;6.开关锁;7.锁闭块;8.接地螺栓;
9.速动开关组;10.电缆密封装置;11.指示标;12.底壳;13.动作杆套筒;14.止挡片;15.保持连接器;
16.接插件插座;17.滚珠丝杠;18.电动机;19.摩擦连接器;20.齿轮组;21.连杆;22.动作杆。

图 3.13.1 S700K 电动转辙机

（二）实验内容与步骤

（1）观察 S700K 型电动转辙机动作情况。在指导教师的指导下，启动 S700K 型电动转辙机机盖，观察其主要部件；然后用手摇把摇动转辙机，观察转辙机各零部件的动作情况。

（2）观察 S700K 电动转辙机动作情况后，各组学生对整机进行分解实作。

第一步：拆交流电动机。

第二步：拆速动开关组，观察其接点情况。

第三步：拆遮断开关，观察其接点情况。

第四步：拆除保持连接器，查看其工作原理。

第五步：去掉锁舌和锁闭块。

第六步：去掉检测杆和表示杆，并查看其特点。

第七步：去掉导向法兰和动作杆。

第八步：去掉摩擦连接器和滚轴丝杠，观察其工作过程。

分解后对每部分零部件观察辨认，掌握其作用，然后进行组装。

（3）完成转辙机分解后，各组学生对整机进行组装。

第一步：安装摩擦连接器和滚轴丝杠。

第二步：安装导向法兰和动作杆。

第三步：安装检测杆和表示杆。

第四步：安装锁舌和锁闭块。

第五步：安装保持连接器。

第六部：安装遮断开关。

第七步：安装速动开关组。

第八步：安装交流电动机。

（4）完成了上述转辙机组装内容后，观察手动转辙机各部件的动作情况。

四、注意事项

（1）实训可根据实际情况进行。

（2）建议 4～6 人一组，注意设备及人身安全。

（3）注意其中拆装的顺序。

五、实训报告

班级		姓名		电话	
实训地点		实训小组		指导老师	
实训项目				实训时间	
实训内容					
性能测试					
实训小结					

项目十四 ZD6 道岔调整测试

一、实训目的

（1）掌握道岔密贴和表示缺口的调整方法及检查标准。
（2）掌握 ZD6 型电动转辙机的测试方法和测试标准。
（3）掌握道岔安装装置绝缘的测试方法。

二、实训设备

ZD6 道岔 1 组，直流电流表，万用表，2 mm 试验片，4 mm 试验片，6 mm 试验片，活动扳手，转辙机钥匙等。

三、实训指导

（一）ZD6 道岔调整

1. 道岔密贴的调整方法

道岔密贴调整是靠调整密贴调整杆上的两个轴套来完成的，为了叙述方便，规定靠近拉杆连接销一侧的轴套叫内轴套，靠丝扣外端的轴套叫外轴套。当尖轨与基本轨不密贴时，可拧开螺母，退出挡环，旋动轴套，将轴套间隙缩小；当动作杆处于伸出位置时应调整内轴套；当动作杆在拉入位置时，则应调整外轴套。

当尖轨已经密贴而转辙机不能完成机械锁闭（锁闭圆弧不能进入削尖齿内）时，应将两轴套的间隙增大；当动作处于伸出位置时应调内轴套，动作杆在拉入位置时调外轴套。密贴调整后，要用厚 4 mm 宽 20 mm 长的试验板夹在尖轨与基本轨间（第一连接杆处）进行 4 mm 不锁闭试验，使其满足《技规》规定，最后要紧固螺母，并加防松措施。

这里有一点值得注意，就是调整道岔密贴必须在转辙机机械未锁闭状态，换言之就是检查柱已落入表示杆缺口内的状态时，不能进行大动量和密贴调整。因为检查柱落入表示杆缺口内，表示杆与检查柱间只有 3 mm 的相对位移间隙，表示杆动量超过 3 mm 时，一个方向会使检查柱呈 45°斜面，检查柱上升，断开表示点（相当于挤岔时），而另一方向会使检查柱另侧的立面与表示杆缺口的立面相卡，表示杆给检查柱水平方向横向的力，造成检查杆弯曲，损坏自动开闭器。

2. 道岔表示杆缺口的调整方法

根据后表示杆装在前表示杆上，前表示杆直接与尖轨相联系的结构，在调整表示杆缺口时必须先调整表示杆伸出位置的缺口,后调整拉入位置时的缺口。

调整伸出位置缺口时,调整表示连接杆杆架在尖端杆上的位置:当间隙大于 2 mm 时,松开螺母向靠近转辙机一侧调杆架;当间隙小于 2 mm 时,松开螺母向外侧(不靠转辙机侧)调杆架,调整标准后紧固螺母,并加防松措施。

调整拉入位置缺口时,应在伸出位置调标准后,将道岔扳到拉入位置,松开前、后表示杆的紧固螺母,旋转后表示杆尾部的调整螺母,当间隙过大时顺时针方向旋转,当间隙过小时逆时针方向旋转。调标准后,要将前、后表示杆的紧固螺母拧紧。

注意:表示杆缺口调整必须在尖轨与基本轨密贴后才能调整,且先调伸出位,后调拉入位,这个顺序是不能变的。

3. 道岔密贴和表示缺口的检查标准

(1) 在道岔牵引点中心线处有 4 mm 及其以上间隙时,密贴尖轨和心轨不得锁闭和接通道岔表示。

(2) 当道岔密贴调整后,使检查柱落入检查块缺口内,缺口间隙为 (1.5 ± 0.5) mm。

(二) ZD6 道岔测试周期、标准及方法

ZD6 道岔测试的周期、标准及方法如表 3.14.1 所示。

表 3.14.1 ZD6 道岔测试的周期、标准及方法

测试项目	测试周期	技术标准	测试方法	备注
工作电流	双月	ZD6A-E 不大于 2 A	断开安全接点,串入电流表,扳动道岔即可测得	
动作电压	双月	ZD6 型为直流 160 V	转换道岔时测试电机端子 1、4 或 2、4 上电压,待电压值稳定后读取的电压即是	
摩擦电流	双月	单机牵引摩擦电流为 2.3~2.9 A,ZD6-E 型和 ZD6-J 型转辙机双机配套使用(ZD6-E 型单机牵引 1/9 道岔)时单机摩擦电流为 2.0~2.5 A。定反位偏差不大于 0.3 A	断开安全节点、串入电流表,在第一连接杆处尖轨和基本轨之间夹入厚 4 mm、宽 20 mm 的铁板条扳动道岔,转辙机摩擦空转时测得的电流即为摩擦电流	
线圈电阻	双月	定子线圈电阻为 $(2.85\pm0.14)\times2$ Ω(DZG-Ⅲ型)或 $(2.65\pm0.14)\times2$ Ω(DZG 型),转子线圈电阻为 (4.9 ± 0.245) Ω(DZG-Ⅲ型)或 (5.1 ± 0.245) Ω(DZG 型)	用万用表的欧姆挡分别在电机配线端子定子线圈 1、3 和 2、3,转子线圈 3、4 上测得;多机牵引道岔在测量线圈电阻时应将各牵引点的启动电路相互断开	
2 mm 试验	双月	扳动试验 2 mm 应能锁闭	在第一连接杆处尖轨和基本轨之间夹入厚 2 mm、宽 20 mm 的铁板条,扳动道岔应能锁闭	根据情况填写"锁闭"或"不锁闭"

续表

测试项目	测试周期	技术标准	测试方法	备注
4 mm(副机6 mm)不锁闭检查	双月	扳动试验 4 mm(副机 6 mm)不能锁闭	在第一连接杆处尖轨和基本轨之间夹入厚 4 mm(副机 6 mm)、宽 20 mm 的铁板条,扳动道岔不能构成锁闭或开放信号	根据情况填写"锁闭"或"不锁闭"
安装装置检查	半年	绝缘良好	分别测试两根基本轨对角钢电压值 $U_1 \approx U_2$,这两个电压值基本平衡,可初步判断此安装装置绝缘良好	

四、注意事项

(1) 调道岔密贴时必须在转辙机机械未锁闭状态。

(2) 表示杆缺口调整必须在尖轨与基本轨密贴后才能调整,且先调伸出位,后调拉入位,这个顺序是不能变的。

(3) 在手摇进行道岔密贴调整时,密贴后所调压力不宜过大。

(4) 在调密贴、表示前一定断开安全接点。

五、实训报告

班级		姓名		电话	
实训地点		实训小组		指导老师	
实训项目				实训时间	
实训内容					
性能测试					

续表

实训小结	

项目十五　S700K 型钩式外锁闭装置的调整测试

一、实训目的

(1) 掌握钩式外锁闭装置密贴和表示缺口的调整方法。
(2) 掌握道岔密贴和表示缺口的检查标准。
(3) 掌握 S700K 型电动转辙机的测试。

二、实训设备

S700K 道岔 1 组,手摇把,常用小工具,电流表,调整垫片,万用表,4 mm 试验片,10 mm 试验片,螺丝刀,活动扳手,转辙机钥匙等。

三、实训指导

(一) 钩式外锁闭机械调整

机械调整应先调整前,后调整后;先调整密贴密贴,后调整缺口,再调整表示。具体调整如下:
(1) 调整密贴、压力靠调整铜块、增减压力调整片。
(2) 调整开口靠调整动作连接杆的长短。
(3) 调整缺口靠调整表示连接杆的长短。

(二) S700K 道岔测试周期、标准及方法

S700K 道岔测试的周期、标准及方法如表 3.15.1 所示。

表 3.15.1　S700K 道岔测试的周期、标准及方法

测试项目	测试周期	技术标准	测试方法	备注
动作电压	半年	额定值 380 V	在室外电缆盒中端子上扳动道岔测得	
4 mm 试验检查	双月	扳动试验 4 mm 不能锁闭	在第一连接杆处尖轨和基本轨之间夹入厚 4 mm、宽 20 mm 的铁板条,扳动道岔不能构成锁闭或开放信号	根据情况填写"锁闭"或"不锁闭"

续表

测试项目	测试周期	技术标准	测试方法	备注
10 mm 试验检查	双月	扳动试验 10 mm 不能锁闭	具有两个及其以上牵引点的分动外锁闭道岔,其尖轨竖切部分任意两牵引点,尖轨与基本轨间夹入 10 mm 铁板条,道岔不锁闭或不接通表示	根据情况填写"锁闭"或"不锁闭"
13(30)s 保护试验	年	13(30)s 保护试验,应能自动切断电源	在转换道岔时,室外在尖轨和基本轨间夹入障碍物,电动转辙机应在空转 13(30)s 后自动停转,以避免电机长时间运转,保护电机	正确的填写"正确",错误的应立即查找处理
断相保护试验	年	断相保护试验,应能自动切断电源	在道岔转换过程中,在室内或室外人为断开任一相电源,控制台应给出报警并自动切断电源,以保护电机因缺相运行而损坏	正确的填写"正确",错误的应立即查找处理
最大拉力	半年	A 机 3 500 N B 机 4 500 N	将拉力测试仪的测压销子插入动作杆与密贴调整杆连接孔,扳动道岔使其不能锁闭,电机空转时进行测试,记录拉力测试值	
转换阻力	半年	拉力大于阻力的 1.5~2 倍	将拉力测试仪的测压销子插入动作杆与密贴调整杆连接孔,扳动道岔使其转换过程中测得的最大值,即为转换阻力	

四、注意事项

(1) 调整的先后顺序。
(2) 人员的配合。

五、实训报告

班级		姓名		电话	
实训地点		实训小组		指导老师	
实训项目				实训时间	
实训内容					
性能测试					
实训小结					

项目十六　ZYJ7 与 SH6 型电动液压转辙机测试

一、实训目的

掌握 ZYJ7 型电动液压转辙机的测试方法和测试标准。

二、实训设备

ZYJ7 型电动液压转辙机 1 组，万用表，油压表，4 mm 试验片，10 mm 试验片，螺丝刀，活动扳手，转辙机钥匙等。

三、实训指导

ZYJ7 电动液压转辙机的测试周期、标准及方法如表 3.16.1 所示。

表 3.16.1　ZYJ7 型电动液压转辙机的测试周期、标准及方法

测试项目	测试周期	技术标准	测试方法	备注
动作电压	半年	额定值 380 V	在室外电缆盒中端子上扳动道岔测得	
溢流压力	双月	调整大小为不大于 12.5 MPa	先将空动油缸上的油压测量孔金属盖去掉，然后将油压表螺母拧上，扳动道岔夹入厚 4 mm、宽 20 mm 的铁板条扳动道岔，道岔空转时油压表的读数即为溢流压力（测量伸出位置时，将油压表接在动作杆运动方属盖位置向同侧金属盖位置；测量拉入位置时，将油压表接在另一侧金属盖位置）	
动作压力	双月	调整大小为不大于 9.5 MPa	先将空动油缸上的油压测量孔金属盖去掉，然后将油压表螺母拧上扳动道岔，道岔正常动作时油压表的读数即为动作压力。（测量伸出位置时，将油压表接在动作杆运动方向同侧金属盖位置；测量拉入位置时，将油压表接在另一侧金属盖位置）	
4 mm 试验检查	双月	扳动试验 4 mm 不能锁闭	在第一连接杆处尖轨和基本轨之间夹入厚 4 mm、宽 20 mm 的铁板条，扳动道岔，不能构成锁闭或开放信号	根据情况填写"锁闭"或"不锁闭"

续表

测试项目	测试周期	技术标准	测试方法	备注
10 mm试验检查	双月	扳动试验10 mm不能锁闭	具有两个及其以上牵引点的分动外锁闭道岔,其尖轨竖切部分任意两牵引点,尖轨与基本轨间夹入10 mm铁板条,道岔不锁闭或不接通表示	根据情况填写"锁闭"或"不锁闭"
13(30)s保护试验	年	13(30)s保护试验,应能自动切断电源	在转换道岔时,室外在尖轨和基本轨间夹入障碍物,电动转辙机应在空转13(30)s后自动停转,避免电机长时间运转,以保护电机	正确的填写"正确",错误的应立即查找处理
断相保护试验	年	断相保护试验,应能自动切断电源	在道岔转换过程中,在室内或室外人为断开任一相电源,控制台应给出报警并自动切断电源,以保护电机因缺相运行而损坏	正确的填写"正确",错误的应立即查找处理
最大拉力	半年	A机1 800 N B机4 200 N	将拉力测试仪的测压销子插入动作杆与密贴调整杆连接孔,扳动道岔使其不能锁闭,电机空转时进行测试,记录拉力测试值	

四、注意事项

(1)测试时注意安全。
(2)一切动作按照指导教师的要求。

五、实训报告

班级		姓名		电话	
实训地点		实训小组		指导老师	
实训项目				实训时间	
实训内容					
性能测试					

续表

实训小结	

项目十七　ZDJ9 型电动转辙机测试

一、实训目的

掌握 ZD9 型电动转辙机的测试方法和测试标准。

二、实训设备

万用表、4 mm 试验片,10 mm 试验片,螺丝刀,活动扳手,转辙机钥匙等。

三、实训指导

ZD9 道岔测试的周期、标准及方法如表 3.17.1 所示。

表 3.17.1　ZD9 道岔测试的周期、标准及方法

测试项目	测试周期	技术标准	测试方法	备注
动作电压	半年	额定值 380 V	在室外电缆盒中端子上扳动道岔测得	
4 mm 试验检查	双月	扳动试验 4 mm 不能锁闭	在第一连接杆处尖轨和基本轨之间夹入厚 4 mm、宽 20 mm 的铁板条,扳动道岔,不能构成锁闭或开放信号	根据情况填写"锁闭"或"不锁闭"
10 mm 试验检查	双月	扳动试验 10 mm 不能锁闭	具有两个及其以上牵引点的分动外锁闭道岔,其尖轨竖切部分任意两牵引点,尖轨与基本轨间夹入 10 mm 铁板条,道岔不锁闭或不接通表示	根据情况填写"锁闭"或"不锁闭"
13(30)s 保护试验	年	13(30)s 保护试验,应能自动切断电源	在转换道岔时,室外在尖轨和基本轨间夹入障碍物,电动转辙机应在空转 13(30)s 后自动停转,避免电机长时间运转,以保护电机	正确的填写"正确",错误的应立即查找处理

续表

测试项目	测试周期	技术标准	测试方法	备注
断相保护试验	年	断相保护试验,应能自动切断电源	在道岔转换过程中,在室内或室外人为断开任一相电源,控制台应给出报警并自动切断电源,以保护电机因缺相运行而损坏	正确的填写"正确",错误的应立即查找处理
最大拉力	半年	(1) 国产有砟1/18道岔:① 尖轨第一、二牵引点为 2.5 kN,第三牵引点为 4.5 kN;② 心轨第一牵引点为 2.5 kN,第二牵引点为 4.5 kN; (2) 国产有砟双机牵引道岔:第一牵引点为 2.5 kN,第二牵引点为 4.5 kN; (3) 维修线单机道岔:4 kN	将拉力测试仪的测压销子插入动作杆与密贴调整杆连接孔,扳动道岔使其不能锁闭,电机空转时进行测试,记录拉力测试值	
转换阻力	半年	拉力是阻力的 1.5～2 倍	将拉力测试仪的测压销子插入动作杆与密贴调整杆连接孔,扳动道岔使其转换过程中,测得的最大值即为转换阻力	

四、注意事项

(1) 测试时注意安全。
(2) 一切动作按照指导教师的要求。

五、实训报告

班级		姓名		电话	
实训地点		实训小组		指导老师	
实训项目				实训时间	
实训内容					

续表

性能测试	
实训小结	

项目十八　ZD6 道岔的维护维修

一、实训目的

（1）掌握 ZD6 型电动转辙机的日常维护标准。
（2）掌握 ZD6 型电动转辙机的测试方法。

二、实训设备

扳手，套筒，万用表，螺丝刀，手摇把。

三、实训指导

（一）ZD6 道岔的转换过程

（1）在实习指导教师的指导下，启动 ZD6 型电动转辙机机盖，观察其主要部件；然后闭合安全点进行通电单操道岔转换，观察动作情况。
① 道岔正常转换到底，ZD6 型电动转辙机各主要部件的工作状态；
② 道岔转换中途受阻，ZD6 型电动转辙机各主要部件的工作状态。
（2）根据以上两条内容，各组学生对整机进行组装实作。
① 第一步分解直流电动机、减速器，分析、观察动作情况，掌握其结构、作用及原理；
② 第二步分解自动开闭器，摩擦连接器，分析观察动作情况，掌握其结构，作用及原理，了解自动开闭器动接点，检查块、速动爪、启动片表示杆、定反位缺口、道岔尖轨及基本轨间开口距离等相互动作关系、作用；
③ 第三步分解转换锁闭器、移位接触器，分解观察转换锁闭器转换锁闭过程及移位接触器断开表示的工作过程。

（二）ZD6 型电动转辙机的维护维修

ZD6 型电动转辙机的维护维修标准如表 3.18.1 所示。

表 3.18.1 ZD6 型电动转辙机的维护维修标准

设备名称	电气特性标准	机械特性标准	维修标准
ZD6 型电动道岔	(1) 工作电流：ZD6A-E 不大于 2 A； (2) 动作电压：ZD6 型为直流电压 160 V； (3) 摩擦电流：单机牵引摩擦电流为 2.3～2.9 A，ZD6-E 型和 ZD6-J 型转辙机双机配套使用（ZD6-E 型单机牵引 1/9 道岔）时单机摩擦电流为 2.0～2.5 A。定反位偏差不大于 0.3 A； (4) 线圈电阻：定子线圈电阻为 (2.85±0.14)×2 Ω(DZG-Ⅲ型)或(2.65±0.14)×2 Ω(DZG 型)，转子线圈电阻为 (4.9±0.245) Ω(DZG-Ⅲ型)或(5.1±0.245) Ω(DZG 型)； (5) 2 mm 试验：扳动试验 2 mm 应能锁闭； (6) 4 mm（副机 6 mm）不锁闭检查：扳动试验 4 mm（副机 6 mm）不能锁闭； (7) 安装装置检查：绝缘良好	(1) 道岔密贴状态良好；尖轨、基本轨的爬行、窜动量不得超过 20 mm，限位铁两侧有间隙； (2) 道岔安装方正：① 密贴调整杆、表示杆、尖端杆、第一连接杆与直股基本轨相垂直，各杆的两端间与直股基本轨垂直线的偏差均不大于 20 mm；② 电动转辙机机壳纵侧面的两端与直股基本轨垂直距离的偏差不大于 10 mm；③ 各种道岔拉杆，其水平方向的两端高低偏差不大于 5 mm（以两基本轨工作面为基准）；④ 托盘两端及两托板高低偏差不大于 5 mm； (3) 表示杆的销孔旷量应不大于 0.5 mm，其余部位的销孔旷量应不大于 1 mm； (4) 安全接点接触良好，在插入手摇把或钥匙时可靠断开 2 mm 以上，非经人工恢复不得接通电路； (5) 电动机炭刷与换向器接触面积不少于炭刷面积的 3/4（同心弧面接触），炭刷长度不小于炭刷全长的 3/5；换向器表面光滑干净，换向器片间的绝缘物不得高出换向器的弧面；炭刷引线完好无损，炭刷帽不松动，刷窝清洁无积碳；检查炭刷后，安装时注意保持原方向不变； (6) 摩擦连接器作用良好，相邻弹簧间隙不小于 1.5 mm，弹簧不得与夹板接触； (7) 自动开闭器拉簧弹力适当，动接点在静接点内的接触深度不小于 4 mm，动接点座与静接点座间隙不小于 3 mm，速动爪落下前动接点在静接点内有窜动时，应保证接点接触深度不少于 2 mm，自动开闭器动接点的摆动量（用手扳动）不大于 3.5 mm；接点磨耗不超过厚度的 1/2；接点无氧化物、无烧损；	(1) 箱盒无破损，加锁良好； (2) 蛇管无破损、不悬空，防脱良好； (3) 基础倾斜度不超过 10 mm，箱盒底距地面不少于 150 mm，排水良好； (4) 各部螺栓和锁具齐全、油润、紧固； (5) 硬面整洁，无杂物及易燃物品； (6) 防护罩固定良好，各部无缺损； (7) 设备名称及定位标志清晰正确； (8) 表示杆缺口标记无变化； (9) 密贴调整杆螺母防松措施良好； (10) 转辙机处角钢（托盘）下无异物，尖轨和基本轨间无异物； (11) 动作杆、表示杆及安装装置的各连接销摩擦面应油润； (12) 机件安装牢固、完整，无裂纹、无异状；机内防水、防尘良好，无锈蚀； (13) 内部螺丝紧固，配线良好、整洁、无破皮及混线可能，焊点焊接良好； (14) 摩擦带与内齿轮伸出部分保持清洁，不锈蚀、不沾油； (15) 挤切销无超期； (16) 机内重点部位清扫，各注油孔、检查柱注油； (17) 图纸、资料保存完好、整洁，与实物相符，无涂改； (18) 动作杆、表示杆及安装装置的各连接销、摩擦面应油润； (19) 扳动道岔时各部动作灵活、稳定，无异声、无异状；炭刷无过大火花

续表

设备名称	电气特性标准	机械特性标准	维修标准
ZD6 型电动道岔		(8) 速动爪与速动片的间隙在解锁时不小于 0.2 mm,锁闭时为 1～3 mm;速动爪的滚轮落下后不得与启动片缺口底部相碰,应有 0.5 mm 以上间隙; (9) 表示杆定、反位表示缺口要求:ZD6A、D、E、F、G、H、K 型为(1.5±0.5) mm;ZD6-J 型缺口间隙加不密贴间隙不大于 7 mm; (10) 取出主挤切销手摇道岔时,移位接触器接点应可靠断开,非经人工恢复不得接通电路,其所加外力不得引起接点簧片变形; (11) 主挤切销、连接销无伤痕、无变形、无裂纹,标记清楚、正确,与孔间的旷动量不大于 0.3 mm;安装后压盖上部不得高于齿条块上平面; (12) 齿轮装置的各齿轮间啮合良好,转动时不磨卡,无过大噪音; (13) 转换设备中的各种传动拉杆、表示连接杆及导管等的螺纹部分的内、外调整余量应不少于 10 mm; (14) 密贴调整杆的空动距离应在 5 mm 以上	(20) 安装装置的紧固件、开口销、连接销、表示杆和动作杆螺母齐全、不松动,防松措施良好,开口销型号正确(4×40 mm),角度在 60°～90°,两臂劈开角度应基本一致; (21) 穿越轨底的各种杆件,距轨底的距离应大于 10 mm,距离石碴面不少于 20 mm

四、注意事项

(1) 实训可根据实际情况进行。
(2) 建议 4～6 人一组,注意设备及人身安全。
(3) 每项扣分最多只能将该标准分扣完为止。
(4) 由实训教师根据学生实训情况进行考核。

五、实训报告

班级		姓名		电话	
实训地点		实训小组		指导老师	
实训项目				实训时间	
实训内容					
性能测试					
实训小结					

项目十九 S700K、ZDJ9 的维护维修

一、实训目的

掌握 S700K、ZDJ9 型转辙机的日常维护标准与方法。

二、实训设备

扳手,套筒,万用表,螺丝刀,手摇把。

三、实训指导

(一) S700K 型电动转辙机的维护维修

S700K 型电动转辙机的维护维修标准如表 3.19.1 所示。

表 3.19.1 S700K 型电动转辙机的维护维修标准

设备名称	电气特性标准	机械特性标准	维修标准
S700K 型提速道岔	(1) 动作电压:额定值 380 V; (2) 4 mm 试验检查:扳动试验 4 mm 不能锁闭; (3) 10 mm 试验检查:扳动试验 10 mm 不能锁闭; (4)13(30)s 保护试验:13(30)s 保护试验,应能自动切断电源; (5) 断相保护试验:断相保护试验,应能自动切断电源;	(1) 转辙机上下两检测杆间隙不大于 2 mm; (2) 上、下表示杆在叉形接头处伸出量偏差应在 10 mm 以内; (3) 道岔密贴状态良好,尖轨、基本轨飞边不得影响道岔密贴;尖轨、心轨、基本轨的爬行、窜动量不到超过 20 mm,限位铁两侧应有间隙; (4) 道岔安装方正:① 锁闭杆、表示杆与直股基本轨相垂直,各杆的两端间与直股基本轨垂直线的偏差均不大于 10 mm;② 电动转辙机机壳纵侧面的两端与直股基本轨垂直距离的偏差不大于 5 mm;③ 各种道岔拉杆,其水平方向的两端高低偏差不大于 5 mm(以两基本轨工作面为基准);④ 道岔锁钩不得与 U 型框固定螺栓磨卡;	(1) 箱盒无破损,加锁良好; (2) 蛇管无破损、不悬空,防脱良好; (3) 基础倾斜度不超过 10 mm,箱盒底距地面不少于 150 mm,排水良好; (4) 各部螺栓、锁具齐全、油润、紧固; (5) 硬面整洁,无杂物及易燃物品; (6) 防护罩及各部无意外缺损,加锁装置良好; (7) 设备名称及定位标志清晰、正确; (8) 缺口标记无变化; (9) 设备无外界干扰和异状,尖轨和基本轨间无异物,槽钢内无杂物;

续表

设备名称	电气特性标准	机械特性标准	维修标准
S700K型提速道岔	(6) 最大拉力：A机 3 500 N，B机 4 500 N； (7) 转换阻力：拉力大于阻力的 1.5～2 倍； (8) 安装装置检查：用机械万用表测试道岔杆件对两轨面电压平衡	(5) 测量道岔各牵引点动程符合标准：尖轨第一牵引点为(160±5)mm，9号尖轨第二牵引点为(82±5)mm，12号尖轨第二牵引点为(75±5)mm，12号心轨第一牵引点为(117/116±3)mm，12号心轨第二牵引点为 70 mm，18号(钢枕)尖轨第二牵引点为(122±5)mm，18号(钢枕)尖轨第三牵引点为(69±5)mm，18号(灰枕)尖轨第二牵引点为(120±5)mm，18号(灰枕)尖轨第三牵引点为(75±5)mm，18号(灰枕)心轨第一牵引点为(98±3)mm，18号(灰枕)心轨第二牵引点为 64 mm，18号(钢枕)心轨第一牵引点为(98±3)mm，18号(钢枕)心轨第二牵引点为 56 mm；锁闭量定、反位应均匀，其误差不大于 2 mm； (6) 各种杆件销孔旷动量应不大于 1 mm，摩擦面应油润； (7) 转换设备中的各种传动拉杆、表示连接杆等螺纹部分的内、外调整余量应不小于 10 mm； (8) 滑动或转动部分(滚珠丝杠、动作杆、检测杆、齿轮组、锁闭块、操纵板、开关锁)适当注油或涂规定的润滑油；滚珠丝杠与轴套旷动量不大于 0.5 mm； (9) 提速道岔各牵引点动程和锁闭量标准；锁闭量定、反位应均等，其误差不大于 2 mm； (10) 定、反位表示缺口指示标对中，左右两侧为(1.5±0.5)mm；内外表示缺口指示标基本一致	(10) 内部清洁，防尘、防潮设施良好，铭牌齐全、正确，字迹清楚； (11) 内部螺丝紧固，配线良好、整洁、无破皮及混线可能； (12) 图纸、资料保存完好，与实物相符，无涂改； (13) 起始端子有标记； (14) 整流盒无过热现象，安装牢固； (15) 钩式外锁闭锁钩与锁闭杆接触的摩擦面及运动范围内无砂石、无异物等，运动灵活，无卡阻； (16) 钩式外锁闭表示拉杆接头铁应坚固、不松动； (17) 钩式外锁闭锁钩、锁闭杆及锁闭铁应保持清洁、油润、无锈蚀；锁钩横向轴窜效果良好，能自动调节锁钩转角； (18) 安装装置的紧固件、开口销、连接销、表示杆和锁闭杆螺母齐全、不松动，防松措施良好，开口销型号正确(4×40 mm)，角度在 60°～90°，两臂劈开角度应基本一致； (19) 机件安装牢固、完整，无裂纹、无异状；机内防水、防尘良好，无锈蚀；接点架防护罩固定良好； (20) 遮断开关通、断性能良好；接通时，摇把挡板能有效阻挡摇把插入摇把齿轮；断时，摇把能顺利插入摇把齿轮；摇把齿轮的轴用挡圈无脱落现象； (21) 穿越轨底的杆件，距轨底的距离应大于 10 mm，距离石碴不少于 20 mm； (22) 扳动道岔时各部动作灵活、稳定，无异声，无异状

（二）ZDJ9 型电动转辙机的维护维修

ZDJ9 型电动转辙机的维护维修标准如表 3.19.2 所示。

表 3.19.2　ZDJ9 型电动转辙机的维护维修标准

设备名称	电气特性标准	机械特性标准	维修标准
ZD9 型电动道岔	(1) 工作电流：ZD9-C 型：≤2 A；ZD9-D 型：≤2 A；(2) 动作电压：ZD9 型为直流 160 V；(3) 摩擦电流：ZD9-C 型为 1.9～2.3 A；ZD9-D 型为 2.2～2.6 A；(4) 线圈电阻：标准暂定为 16×(1+15%)Ω；(5) 2 mm 试验：扳动试验 2 mm 应能锁闭；(6) 4 mm（副机 6 mm）不锁闭检查：扳动试验 4 mm（副机 6 mm）不能锁闭；(7) 安装装置检查：用机械万用表测试道岔杆件对两轨面电压平衡	(1) 道岔密贴状态良好，尖轨、基本轨飞边不得影响道岔密贴。尖轨、心轨、基本轨的爬行、窜动量不到超过 20 mm，限位铁两侧应有间隙；(2) 道岔安装方正：① 密贴调整杆、表示杆、尖端杆、第一连接杆与直股基本轨相垂直，各杆的两端间与直股基本轨垂直线的偏差均不大于 20 mm；② 电动转辙机机壳纵侧面的两端与直股基本轨垂直距离的偏差不得大于 10 mm；③ 各种道岔拉杆，其水平方向的两端高低偏差不大于 5 mm（以两基本轨工作面为基准）；(3) 表示杆的销孔旷动量应不大于 0.5 mm，其余部位的销孔旷动量应不大于 1 mm；(4) 手动开关（安全接点）接触良好，在手动开关接通时，手摇把插入孔的连板必须阻止手摇把插入，在手摇齿轮与连板之间必须有一定间隙；手动开关断开（2 mm 以上）时，手摇把必须能顺利地插入，不经人工操作，不得恢复接通电路；(5) 自动开闭器动接点在静接点内的接触深度不得小于 4 mm；用手扳动接点，其摆动量不大于 3.5 mm；动接点座与静接点座间隙不小于 3 mm；接点磨耗不超过厚度的 1/2；接点无氧化物、无烧损；(6) 表示杆定、反位表示缺口要求：第一牵引点（ZD9-C 型）为（2±0.5）mm；第二牵引点（ZD9-D 型）为（4±0.5）mm；	(1) 箱盒无破损，加锁装置良好；(2) 蛇管无破损、不悬空，防脱良好；(3) 基础倾斜度不超过 10 mm，箱盒底距地面不少于 150 mm，排水良好；(4) 各部螺栓、锁具齐全、油润、紧固；(5) 硬面整洁，无杂物及易燃物品；(6) 箱盒内部清洁，防尘、防潮设施良好，铭牌齐全、正确，字迹清楚；(7) 箱盒内部螺丝紧固，配线良好、整洁，无破皮及混线可能，焊点焊接良好；(8) 整流盒类型正确，无过热现象，安装牢固；(9) 图纸、资料保存完好、整洁，与实物相符，无涂改；(10) 起始端子有标记；(11) 测量道岔各牵引点开程符合标准；(12) 防护罩固定良好，各部无意外缺损，加锁装置良好；(13) 设备名称及定位标志清晰正确；(14) 各部螺栓齐全、油润良好、紧固满帽；(15) 表示杆缺口标记无变化；(16) 设备无外界干扰和异状，尖轨和基本轨间无异物；(17) 动作杆、表示杆及安装装置的各连接销应油润；

续表

设备名称	电气特性标准	机械特性标准	维修标准
ZD9型电动道岔		(7) 电动机炭刷与换向器接触面积不少于炭刷面积的3/4（同心弧面接触），炭刷长度不少于碳刷全长的3/5；换向器表面光滑干净，换向器片间的绝缘物不得高出换向器的弧面；炭刷引线完好无损，炭刷帽不松动； (8) 转换设备中的各种传动拉杆、表示连接杆等的螺纹部分的内、外调整余量应不少于10 mm； (9) 密贴调整杆的空动距离应在5 mm以上	(18) 机件安装牢固、完整，无裂纹、无异状，机内防水、防尘良好，无锈蚀； (19) 内部螺丝紧固，配线良好、整洁、无破皮及混线可能，焊点焊接良好； (20) 齿轮装置的各齿间啮合良好，转动时不磨卡，无过大噪音； (21) 机内重点部位清扫注油：动作杆、滚珠丝杠、丝杠母、齿轮、表示杆每年涂规定的滑润油； (22) 动作杆、表示杆及安装装置的各连接销、摩擦面应油润； (23) 扳动道岔时各部动作灵活、稳定，无异声，无异状； (24) 安装装置的紧固件、开口销（4×40 mm）、连接销、表示杆和锁闭杆螺母齐全、不松动，防松措施良好，开口销角度为60°～90°，两臂劈开角度应基本一致； (25) 穿越轨底的各种杆件，距轨底的距离应大于10 mm，距离石碴不少于20 mm

四、注意事项

(1) 实训可根据实际情况进行。
(2) 建议4～6人一组，注意设备及人身安全。
(3) 每项扣分最多只能将该标准分扣完为止。
(4) 由实训教师根据学生实训情况进行考核。

五、实训报告

班级		姓名		电话	
实训地点		实训小组		指导老师	
实训项目				实训时间	
实训内容					
性能测试					
实训小结					

项目二十 液压转辙机的检修

一、实训目的

掌握 ZYJ7 电液转辙机的日常维护标准及方法。

二、实训设备

万用表,油压表,4 mm 试验片,10 mm 试验片,螺丝刀,活动扳手,转辙机钥匙等。

三、实训指导

ZYJ7 型转辙机的维护维修标准如表 3.20.1 所示。

表 3.20.1 ZYJ7 型转辙机的维护维修标准

设备名称	电气特性标准	机械特性标准	维修标准
ZYJ7 型提速道岔	(1) 动作电压:额定值 380 V; (2) 溢流压力:调整压力不大于 12.5 MPa; (3) 动作压力:调整压力不大于 9.5 MPa; (4) 4 mm 试验检查:扳动试验 4 mm 不能锁闭; (5) 10 mm 试验检查:扳动试验 10 mm 不能锁闭; (6) 13(30)s 保护试验:13(30)s 保护试验,应能自动切断电源;	(1) 检查缺口标记无变化;油管内的油量应保持在指示标约 2/3 处;油路系统各密封部无渗漏现象; (2) 转辙机上、下两检测杆张嘴和左右偏移不大于 2 mm; (3) 道岔安装方正:① 锁闭杆、表示杆与直股基本轨相垂直,各杆的两端间与直股基本轨垂直线的偏差均不大于 10 mm;② 电动转辙机机壳纵侧面的两端与直股基本轨垂直距离的偏差不大于 5 mm;③ 各种道岔拉杆,其水平方向之两端高低偏差不大于 5 mm(以两基本轨工作面为基准); (4) 转换设备中的各种传动拉杆、表示连接杆及导管等的螺纹部分的内、外调整余量应不小于 10 mm;	(1) 箱盒无破损,蛇管、加锁装置良好; (2) 基础倾斜度不超过 10 mm,箱合底距地面不少于 150 mm,排水良好; (3) 各部螺栓油润、紧固、满帽,油管外部状况良好; (4) 硬面整洁无杂物,防护罩及各部无意外缺损,加锁装置良好; (5) 设备名称及定位标志清晰、正确; (6) 设备无外界干扰和异状,尖轨和基本轨间无异物,槽钢内无杂物,油管外部状况良好; (7) 机件安装牢固、完整,无裂纹、无异状;机内防水、防尘良好,无锈蚀; (8) 内部螺丝紧固,配线良好、整洁,无破皮及混线;油路系统各密封部无漏油现象;

续表

设备名称	电气特性标准	机械特性标准	维修标准
ZYJ7型提速道岔	(7) 断相保护试验：断相保护试验，应能自动切断电源； (8) 最大拉力： A机1 800 N， B机4 200 N	(5) 各种杆件销孔旷动量应不大于1 mm，摩擦面应油润； (6) 尖轨尖端铁与锁钩连接铁间应保持3 mm以上间隙； (7) 测量道岔各牵引点开程符合标准：尖轨第一牵引点为(160±5) mm，9号尖轨第二牵引点为(82±5) mm，12号尖轨第二牵引点为(75±5) mm，12号心轨第一牵引点为(117±3) mm，12号心轨第二牵引点为70 mm，18号(钢枕)尖轨第二牵引点为(122±5) mm，18号(钢枕)尖轨第三牵引点为(69±5) mm，18号(灰枕)尖轨第二牵引点为(120±5) mm，18号(灰枕)尖轨第三牵引点为(75±5) mm，18号(灰枕)心轨第一牵引点为(98±3) mm，18号(灰枕)心轨第二牵引点为64 mm，18号(钢枕)心轨第一牵引点为(98±3) mm，18号(钢枕)心轨第二牵引点为56 mm；锁闭量定、反位应均匀，其误差不大于2 mm； (8) 遮断开关通、断性能良好；接通时，摇把挡板能有效阻挡摇把插入摇把齿轮；断开时，摇把能顺利插入摇把齿轮；油箱内的油量应保持在指示标约2/3处； (9) 定、反位表示缺口指示标对中，左右两侧为(2.0±0.5) mm；辅机左右两侧为(4.0±1.5) mm；内外表示缺口指示标基本一致； (10) 道岔表示冗余系统的密贴检查装置，当尖轨或心轨从密贴位斥离5 mm及以上间隙时，应断开道岔表示	(9) 箱盒内部清洁，防尘、防潮设施良好，铭牌齐全、正确，字迹清楚； (10) 器材类型正确，无过热现象，安装牢固； (11) 图纸、资料保存完好，与实物相符，无涂改； (12) 道岔密贴状态良好，尖轨、基本轨飞边不得影响道岔密贴； (13) 道岔锁钩不得与U型框固定螺栓磨卡； (14) 安装装置的紧固件、开口销、连接销、表示杆和锁闭杆螺母齐全、不松动，防松措施良好，开口销角度为60°～90°，两臂劈开角度应基本一致； (15) 穿越轨底的各种杆件，距轨底的距离应大于10 mm，距离石碴不小于20 mm； (16) 钩式外锁闭锁钩与锁闭杆接触的摩擦面及运动范围内无砂石、异物等，运动灵活，无卡阻； (17) 钩式外锁闭表示拉杆接头铁应紧固、不松动； (18) 钩式外锁闭锁钩、锁闭杆及锁闭铁应保持清洁、油润、无锈蚀；锁钩横向轴窜效果良好，能自动调节锁钩转角； (19) 滑动或转动部分(油缸、动作杆、检测杆、锁闭块、惯性轮、开关锁)适当注油或涂规定的润滑油； (20) 扳动道岔时各部动作灵活、稳定，无异声，无异状

四、注意事项

(1) 实训可根据实际情况进行。

(2) 建议 4~6 人一组，注意设备及人身安全。
(3) 每项扣分最多只能将该标准分扣完为止。
(4) 由实训教师根据学生实训情况进行考核。

五、实训报告

班级		姓名		电话	
实训地点		实训小组		指导老师	
实训项目				实训时间	
实训内容					
性能测试					
实训小结					

模块四

车站信号设备维护

项目一 6502电气集中设备认知

一、实训目的

(1) 掌握电气集中室内设备组成及作用。
(2) 掌握电气集中室外设备的组成及作用。
(3) 熟悉继电器组合类型。

二、实训设备

6502电气集中设备1套。

三、实训指导

(一) 认识电气集中室内设备组成及作用

6502电气集中室内设有控制台、区段人工解锁按钮盘、继电器组合及组合架、电源屏、分线盘等设备。

1. 控制台

(1) 结构:信号楼车站值班员室内设有控制台,其是用各种标准的单元块拼装而成的,称为单元控制台。其盘面是按照各个车站站场的实际情况布置的,盘面上模拟站场线路、接发车方向、道岔和信号机位置均与站场实际位置相对应。控制台盘面上设有各种用途的按钮、指示灯和电流表,中部设有供车站值班员使用的工作台,背面下部设有配线端子板、熔断器及报警电铃。

(2) 作用:控制台是车站值班员集中控制和监督全站的道岔、进路和信号机,是指挥列车运行和调车作业的控制设备;也可供信号维修人员分析判断控制系统故障范围使用。

2. 区段人工解锁按钮盘

(1) 结构:离开控制台一定距离的室内,装设区段人工解锁按钮盘,按钮盘上设有40～120个带铅封的事故按钮,每个道岔区段和设置区段组合的无岔区段设一个事故按钮。

(2) 作用:区段人工解锁按钮盘是操作时的辅助设备,当轨道电路区段因故障不能正常解锁时,用它办理故障解锁;在更换继电器或停电后恢复时,用它使设备恢复正常状态;在用取消进路办法不能关闭信号时,可用它关闭信号。

3. 继电器组合及组合架

(1) 结构:信号楼继电器室内设有继电器组合及组合架。继电器组合是把具有相同监控对象的继电器按照定型电路环节组合在一起,根据车站信号平面布置图上的道岔、信号机和道岔区段共有 12 种定型组合。组合架分 11 层,1～10 层安装继电器组合,每层安装一个继电器组合,每个组合包括的继电器数量最多不超过 10 个。

(2) 作用:继电器组合是实现电气集中联锁的设备。

4. 电源屏

在信号楼继电器室或电源室设有电源屏,电源屏是电气集中的供电设备,一般有两路可靠的电源,即主电源和副电源。主、副电源引至信号楼内,要能够自动和手动相互切换,经过稳压、隔离、变压或整流后,不间断地供给电气集中需用的各种交流电源和直流电源。

5. 分线盘

电气集中的室内与室外联系导线都必须经过分线盘端子,它是室内、外电缆汇接处。

(二) 认识电气集中室外设备

电气集中室外设备主要有色灯信号机、转辙机、轨道电路以及电缆和电缆连接箱盒。

(三) 认识组合架上继电器组合类型

6502 电气集中定型组合是根据道岔、信号机和轨道电缆区段设计的,所以信号组合、道岔组合和区段组合是 6502 电气集中的三种基本组合类型。

1. 信号组合类型

信号组合分为 6 种定型组合,其中列车信号组合 4 种,调车信号组合 2 种。

(1) 列车信号组合:引导信号组合 YX、列车信号主组合 LXZ、一方向列车信号辅助组合 1LXF、二方向列车信号辅助组合 2LXF。

(2) 调车信号组合:调车信号组合 DX、调车信号辅助组合 DXF。

2. 道岔组合类型

道岔组合有单动道岔 DD、双动道岔主组合 SDZ 和双动道岔辅助组合 SDF。

3. 区段组合类型

区段组合只有一种基本类型 Q。

4. 其他组合类型

其他组合类型有方向组合 F、电源组合 DY。

(四) 控制台上各种按钮的用途和功能

1. 进路按钮

在相当于进路始端和进路终端的地方设置的按钮叫做进路按钮。进路按钮又分为列车进路按钮和调车进路按钮。列车进路按钮:用于办理列车进路,用绿色按钮帽,设在线路上。

调车进路按钮:用于办理调车进路,用白色按钮帽,设在线路旁。进路始端按钮的作用是:除用来排列进路外,当重复开放信号、取消信号和人工解锁进路时都要用到它。

2. 总取消、总人工解锁、引导信号和引导总锁闭按钮

每个咽喉区设按钮的有：总取消、总人工解锁、引导信号和引导总锁闭按钮。在办理取消进路时，要同时按下进路始端按钮和本咽喉的总取消按钮；在办理人工解锁进路时，要同时按下进路始端按钮和本咽喉的总人工解锁按钮。在采用引导进路锁闭方式接车，开放引导信号时，要按下引导信号按钮；不能按引导进路锁闭方式开放引导信号接车时，要采用引导总锁闭方式引导接车，应先按下引导总锁闭按钮，后按下引导信号按钮。

3. 闭塞、复原、事故按钮

若区间采用半自动闭塞时，在控制台相应位置应设置闭塞、复原（为两位自复式）、事故按钮（带铅封两位自复式或带计数器）。

4. 其他用途的按钮

在控制台上还设有单独操纵道岔按钮、接通光带按钮、接通道岔表示按钮、切断挤岔电铃按钮、电源切换按钮等。

四、注意事项

（1）严格遵守电务基本安全制度和作业纪律。
（2）爱护实训室设备，严守操作规程。
（3）扳动室外道岔时，应和室外人员联系后再扳动，手和脚不能放在道岔动作区，室内外人员应注意密切联系。

五、实训报告

班级		姓名		电话	
实训地点		实训小组		指导老师	
实训项目				实训时间	
实训内容					
性能测试					

续表

实训小结	

项目二　控制台上各种表示灯的显示意义

一、实训目的

掌握控制台上各种表示灯的显示意义。

二、实训设备

控制台、继电器组合和组合架等。

三、实训指导

各种表示灯的显示大体归纳为五类。

(一) 用于监督道岔状况的显示

(1) 定位表示灯点亮(绿色),说明道岔在定位,表示 DBJ 和 TCJ 处在吸起状态。
(2) 反位表示灯点亮(黄色),说明道岔在反位,表示 FBJ 和 TCJ 处在吸起状态。
(3) 总定位表示灯点亮(绿色),说明按压了总定位按钮,准备将道岔操至定位,表示 ZDJ 吸起。
(4) 总反位表示灯点亮(黄色),说明按压了总反位按钮,准备将道岔操至反位,表示 ZFJ 吸起。
(5) 道岔单独锁闭表示灯点亮(红色),说明该道岔已单独锁闭,表示单独操纵按钮在拉出状态。
(6) 控制台电流表指针摆动,说明道岔能启动,表示 1DQJ 自闭电路接通。

(二) 用于监督进路办理过程的显示系统

(1) 列车与调车兼用信号点处的进路按钮闪光,说明该按钮被按压过,表示 AJ 吸起。
(2) 单置调车进路按钮表示灯闪光,有四种显示意义:
① 表示 DXF 组合的 1AJ 吸起;
② 表示 DXF 组合的 JXJ,吸起;
③ 表示 DX 组合的 AJ,吸起;
④ 表示 DX 组合的 JXJ,吸起。
(3) 其他调车专用的进路按钮表示灯闪光,表示 AJ 或 JXJ 吸起。

(4) 列车进路按钮亮稳光,表示 LKJ 和 FKJ 均吸起。

(5) 调车进路按钮亮稳光,表示 FKJ 吸起。

(6) 进路排列表示灯亮(红色),表示有一个方向继电器吸起。

(7) 某一区段亮白光带,说明该区段已锁闭,表示至少有一个 LJ 在落下状态。

(8) 某一区段亮红光带,说明该区段有车占用或故障,表示 DGJF 落下或 FDGJ 处在吸起状态。

(9) 股道亮白光带,说明股道已锁闭,表示 ZCJ 在落下状态。

(10) 股道点亮红光带,表示 GJ 或 GJF 在落下状态。

(11) 引导按钮表示灯点亮(白色),说明按压过该按钮,表示 YAJ 吸起。

(12) 引导总锁闭按钮表示灯点亮(红色),说明将全咽喉道岔置于锁闭状态,表示 YZSJ 吸起。

(三) 监督信号开放与否的显示系统

1. 进站信号复示器

(1) 亮红灯,说明信号在关闭状态,表示 1DJF 吸起,LXJ 落下。

(2) 闪红灯,表示至少 1DJF 落下。

(3) 亮绿灯,说明允许灯光点亮,信号已开放,表示 LXJ 吸起。

(4) 亮一红一白,说明引导信号已开放,表示 LXJ 落下,YXJ 吸起。

(5) 亮一红一闪白,说明引导白灯未点亮,表示 YXJ 吸起,2DJ 落下。

2. 出发兼调车信号复示器

(1) 亮绿灯,说明列车信号已开放,表示 LXJ 吸起。

(2) 亮白灯,说明调车信号已开放,表示 DXJ 吸起。

(3) 闪白灯,说明红灯未点亮,表示 DJ 落下。

3. 调车信号复示器

(1) 亮白灯,说明信号开放,表示 XJ 吸起。

(2) 闪白灯,说明蓝灯未点亮,表示 DJ 落下。

(四) 取消和解锁进路的显示系统

(1) 总取消按钮表示灯点亮(红色),表示 ZQJ 吸起。

(2) 总人工解锁按钮表示灯点亮(红色),说明 ZRJ 吸起。

(3) 3 min 延时解锁表示灯点亮(红色),说明进路 3 min 后才能解锁,表示 1RJJ 吸起。

(4) 30 s 延时解锁表示灯点亮(红色),说明进路 30 s 才能解锁,表示 2RJJ 吸起。

(五) 各种报警装置及显示系统

(1) 接近报警。当列车进入一接近或二接近区段时,区段亮红光带,同时瞬间响铃。

(2) 主、副电源倒换时,若先点亮主电源灯(绿色),则改点副电源表示灯(黄色);若先点亮副电源表示灯,则改点主电源表示灯,同时响铃。

(3) 挤岔报警。当 DBJ 和 FBJ 均落下,经过 13 s 后挤岔表示灯亮(红色),同时响铃。

(4) 灯丝断丝报警。若某架信号机灯丝断丝时,3 s 后点亮灯丝断丝报警表示灯,同时响铃。

四、注意事项

(1) 认真观察控制台表示灯,掌握各种表示灯的意义。
(2) 结合继电器的动作过程,熟悉表示灯的显示意义。

五、实训报告

班级		姓名		电话	
实训地点		实训小组		指导老师	
实训项目				实训时间	
实训内容					
性能测试					
实训小结					

项目三 6502电气集中进路的办理与表示

一、实训目的

（1）进一步掌握6502电气集中设备组成。
（2）熟练掌握控制台盘面布置、各种按钮、表示灯作用及显示。
（3）掌握各种进路的办理方法与表示方法。

二、实训设备

6502控制台，沙盘模拟站场。

三、实训指导

（1）认真观察控制台盘面，将控制台盘面各种按钮的情况填入表4.3.1中。

表4.3.1 控制台盘面上的各种按钮

		名称	规格	设置原则	作用
列车进路按钮					
调车进路按钮					
变通按钮					
道岔按钮					
其他按钮	一个咽喉共用按钮				
	全站共用按钮				

（2）认真观察后将控制台盘面上各种表示灯的显示状态及意义填入表4.3.2中。

表 4.3.2　控制台盘面表示灯

名称		设置原则	平时状态	显示状态	
				颜色	意义
信号复示器					
道岔表示灯					
其他表示灯	上部				
	下部				

(3) 正常办理进路。

① 办理 1 条接车进路。

办理方法：_____

控制台现象：_____

② 办理 1 条发车进路。

办理方法：_____

控制台现象：_____

③ 办理 1 条以差置信号机为终端按钮的调车进路。

办理方法：_____

控制台现象：_____

④ 办理 1 条以并置信号机为终端按钮的调车进路。

办理方法：_____

控制台现象：_____

⑤ 办理 1 条以单置信号机为终端按钮的调车进路。

办理方法：_____

控制台现象：_____

⑥ 办理 1 条长调车进路。

办理方法 1：_____

控制台现象：_____

办理方法 2：_____

控制台现象：_____

⑦ 办理 1 条变通进路。

办理方法：_____

控制台现象：_____

(4) 取消进路的办理。

排列 1 条进路，并取消该进路。

办理方法：_____

控制台现象：_____

(5) 人工解锁的办理。

① 排列 1 条接车进路，模拟接近区段占用，并解锁该进路。

办理方法：＿＿＿＿＿＿＿＿＿＿＿＿＿＿＿＿＿＿＿＿＿＿＿＿＿＿＿＿＿＿＿＿＿＿＿

控制台现象：＿＿＿＿＿＿＿＿＿＿＿＿＿＿＿＿＿＿＿＿＿＿＿＿＿＿＿＿＿＿＿＿＿

② 排列1条侧线发车进路，模拟接近区段占用，并解锁该进路。

办理方法：＿＿＿＿＿＿＿＿＿＿＿＿＿＿＿＿＿＿＿＿＿＿＿＿＿＿＿＿＿＿＿＿＿＿＿

控制台现象：＿＿＿＿＿＿＿＿＿＿＿＿＿＿＿＿＿＿＿＿＿＿＿＿＿＿＿＿＿＿＿＿＿

③ 排列1条调车进路，模拟接近区段占用，并解锁该进路。

办理方法：＿＿＿＿＿＿＿＿＿＿＿＿＿＿＿＿＿＿＿＿＿＿＿＿＿＿＿＿＿＿＿＿＿＿＿

控制台现象：＿＿＿＿＿＿＿＿＿＿＿＿＿＿＿＿＿＿＿＿＿＿＿＿＿＿＿＿＿＿＿＿＿

（6）重复开放信号的办理。

排列1条进路，模拟轨道电路红光带关闭信号，红光带消失后重复开放信号。

办理方法：＿＿＿＿＿＿＿＿＿＿＿＿＿＿＿＿＿＿＿＿＿＿＿＿＿＿＿＿＿＿＿＿＿＿＿

控制台现象：＿＿＿＿＿＿＿＿＿＿＿＿＿＿＿＿＿＿＿＿＿＿＿＿＿＿＿＿＿＿＿＿＿

（7）故障解锁的办理。

① 停电恢复后，全站白光带。

办理方法：＿＿＿＿＿＿＿＿＿＿＿＿＿＿＿＿＿＿＿＿＿＿＿＿＿＿＿＿＿＿＿＿＿＿＿

控制台现象：＿＿＿＿＿＿＿＿＿＿＿＿＿＿＿＿＿＿＿＿＿＿＿＿＿＿＿＿＿＿＿＿＿

② 办理1条进路，解锁时未按顺序占用，保留白光带的解锁。

办理方法：＿＿＿＿＿＿＿＿＿＿＿＿＿＿＿＿＿＿＿＿＿＿＿＿＿＿＿＿＿＿＿＿＿＿＿

控制台现象：＿＿＿＿＿＿＿＿＿＿＿＿＿＿＿＿＿＿＿＿＿＿＿＿＿＿＿＿＿＿＿＿＿

（8）引导接车的办理。

① 引导进路锁闭的办理。

办理方法：＿＿＿＿＿＿＿＿＿＿＿＿＿＿＿＿＿＿＿＿＿＿＿＿＿＿＿＿＿＿＿＿＿＿＿

控制台现象：＿＿＿＿＿＿＿＿＿＿＿＿＿＿＿＿＿＿＿＿＿＿＿＿＿＿＿＿＿＿＿＿＿

② 引导进路锁闭的取消。

办理方法：＿＿＿＿＿＿＿＿＿＿＿＿＿＿＿＿＿＿＿＿＿＿＿＿＿＿＿＿＿＿＿＿＿＿＿

控制台现象：＿＿＿＿＿＿＿＿＿＿＿＿＿＿＿＿＿＿＿＿＿＿＿＿＿＿＿＿＿＿＿＿＿

③ 引导总锁闭的办理。

办理方法：＿＿＿＿＿＿＿＿＿＿＿＿＿＿＿＿＿＿＿＿＿＿＿＿＿＿＿＿＿＿＿＿＿＿＿

控制台现象：＿＿＿＿＿＿＿＿＿＿＿＿＿＿＿＿＿＿＿＿＿＿＿＿＿＿＿＿＿＿＿＿＿

④ 引导总锁闭的取消。

办理方法：＿＿＿＿＿＿＿＿＿＿＿＿＿＿＿＿＿＿＿＿＿＿＿＿＿＿＿＿＿＿＿＿＿＿＿

控制台现象：＿＿＿＿＿＿＿＿＿＿＿＿＿＿＿＿＿＿＿＿＿＿＿＿＿＿＿＿＿＿＿＿＿

四、注意事项

（1）在排列进路时，按下按钮时应停顿一下，松开按钮时不要太快，以便继电器可靠动作。

（2）绿色按钮为列车进路按钮，设在线路上；白色按钮为调车进路按钮，设在线路旁。

（3）扳动室外道岔时，应和室外人员联系后再扳动，手和脚不能放在道岔动作区，室内外人员应注意密切联系。

五、实训报告

班级		姓名		电话	
实训地点		实训小组		指导老师	
实训项目				实训时间	
实训内容					
性能测试					
实训小结					

项目四 6502 电气集中选择组电路原理、特性及故障分析

一、实训目的

(1) 熟悉选择组电路组成及任务。
(2) 掌握选择组电路原理和动作规律。
(3) 掌握 FKJ、KJ、ZJ 电路原理及工作时间。
(4) 理解 KJ 电路怎样完成长调车进路信号的由远至近顺序开放。
(5) 学习选择组电路的故障分析。

二、实训设备

6502 电气集中设备,沙盘模拟站场。

三、实训指导

1. 选择组电路的组成及作用

(1) 由值班员按压按钮起至进路选出、排通,并确定出、进路的始、终端为止。
(2) 由记录电路记录值班员按压按钮的性质和顺序确定进路的性质和方向。
(4) 由选岔电路选出进路上有关道岔位置,并知道转换道规定位置,排通进路。
(5) 用进路右端的 JXJ 的励磁证明进路已全部选出(不包括进路排出),并及时恢复记录电路,以便办理第二条平行进路,同时用 FKJ、KJ、ZJ 接续记录进路的始终端。

2. 选岔电路动作规律

并接在网络 1 线和 2 线、3 线和 4 线、5 线和 6 线的 FCJ、DCJ、JXJ 都是按从左向右的顺序传递励磁的。

当进路中包含双动道岔反位时,先选出其反位,即网络 1 线和 2 线或 3 线和 4 线先工作,然后网络 5 线和 6 线工作。

3. 选排电路工作结束时处于工作状态的继电器

DD、SDZ、SDF 各道岔组合:DCJ、DBJ 或 FCJ、FBJ。
DX、LXZ、1LXF、2LXF 信号组合:始端 FKJ、KJ、LKJ,调车终端 ZJ。

4. 进路选排过程中表示灯显示状态

(1) 按钮始端按钮后 AJ↑:始端 LAD—L 闪、终端 LAD 灭灯或始端 DAD—B 闪、终端

DAD 灭灯。

(2) 始端 AJ↑→方向继电器励磁：LPBD—H。

(3) 按压终端按钮后 AJ↑：终端 LAD—L 闪或终端 DAD—B 闪。

(4) 随着进路选出，进路按从左向右顺序选出信号点 JXJ 和道岔位置 DCJ 或 FCJ：中间信号点 AD—B 闪。

(5) 进路全部选出，FKL↑，各 JXJ↓：始端 LAD—L，或始端 DAD—B，其余 AD 灭灯。

(6) 进路全部排通后：进路中有关道岔全部转换到位，相应的定位或反位表示灯亮 L 或 U。

5. 故障分析方法及要求

根据控制台显示状态分析故障范围，可办理各种进路，观察控制台上的显示状态，力求缩小故障范围。

首先查看有关熔断器、道岔定反位表示灯、按钮及其他表示灯的状态，判断故障的大致范围，查找相应电路图，然后再查看相应的组合架，观察继电器的状态及接触是否良好。

6502 电气集中在选路过程中，随着选排电路的动作，在控制台上均有相应的表示。因此，从控制台的显示也可了解电路动作情况。当控制台显示到某处停止了，那么电路也肯定动作到相对应的一步，后面的电路因故障而停止，从而可以判断故障电路范围。

例如：在办理 X—ⅠG 接车进路时，按压 X/LA 后 XLAD—L 闪，LPBD—H；按压 D17/LA 后 D17/LAD—L 闪。之后 XLAD—L，进路中 D7AD—B 闪，D9AD—B 闪，但 D13AD 不闪白灯，而 D17LAD 一直绿闪不灭，LPBD 亮红灯不灭，分析电路故障范围。

分析方法与步骤：

(1) XLAD—L 闪，D17/LAD—L 闪和 LPBD—H，说明 X/LAJ↑，D17/LAJ↑，LJJ↑并自闭。

(2) XLAD—L 说明 X/JXJ↑、X/LKJ↑、X/FKJ↑。

(3) D7AD—B 闪，D9AD—B 闪，说明 5 线和 6 线网络开始工作，左边的 KZ 传到 D7 和 D9，由于 D7/JXJ↑和 D9/JXJ↑才使 D7AD—B 闪，D9AD—B 闪。

(4) D13AD 不闪白灯，说明 D13/JXJ 没有励磁吸起，则可判断故障在 D9—D13 段选岔电路。

(5) 将原进路取消。将 9/11 号道岔和 13/15 号道岔扳至反位，办理该进路，查看 9/11 号道岔和 13/15 号道岔的道岔表示灯是否亮绿灯，表示道岔已转换到定位，若绿灯均已亮，则故障在 D13/JXJ 的励磁电路中，可能是没有送上 5 线 KZ，也可能 D13/JXJ 线圈断线。若绿灯没亮，则是 9/11 号道岔或 13/15 号道岔 DCJ 励磁电路故障。

故障分析要求：

(1) 熟悉选排电路动作顺序和控制台上对应的表示。

(2) 在故障电路范围内查看有关熔断器、道岔、继电器状态。选排电路每一步都有一个继电器工作，因此在组合架上逐个查看故障电路范围内的继电器状态：该吸起的是否吸起，该复原的是否已恢复。不符合者，即为故障的继电器。当然，也不排除控制台按钮表示灯故障的可能性。

(3) 掌握选排电路动作顺序与对应继电器工作关系，能迅速找到有关组合电路和继电器在组合架上的位置。

(4) 分析故障继电器电路的故障原因，可用万用表测量继电器线圈及接点接触是否良好。也可测试查找励磁电路、自闭电路、网络电路是否有断线。

(5) 理解各继电器电路原理和工作时间,熟记组合中各继电器位置。

每次分组分析故障:

(1) 第一组:

① 分别办理 D11—5G 和 D11—ⅢG 调车进路,分析故障范围,并记录在表 4.4.1 中。

表 4.4.1 故障分析表

排路情况	
现象分析	
故障分析	

② 分别办理 XD—5G 接车进路与 D11—5G 调车进路,分析故障范围,并记录在表 4.4.2 中。

表 4.4.2 故障分析表

排路情况	
现象分析	
故障分析	

③ 一次性办理 D3—ⅠG 长调车进路,写出:

(a) D7AD、D9AD、D13AD 各灯白闪的顺序;

(b) 各 D3/FKJ、D9/FKJ、D13/FKJ、D7/ZJ、D13/ZJ、D17/ZJ 的励磁顺序;

(c) 各 D3/KJ、D9/KJ、D13/KJ 的励磁顺序、信号开放顺序。

(2) 第二组:

① 分别一次性办理 D1—ⅡG 和 SⅡ—ⅡAG 长调车进路,再排 D5—ⅡAG 和 D15—ⅡG 短调车进路,分析故障范围,并记录在表 4.4.3 中。

表 4.4.3 故障分析表

排路情况	
现象分析	
故障分析	

② 办理 SⅡ—北京方面发车进路为何可排出来?与上题比较,分析原因是什么?再办理 SⅡ经(17/19)和(1/3)发车变通进路,分析故障范围,并记录在表 4.4.4 中。

表 4.4.4 故障分析表

排路情况	
现象分析	
故障分析	

③ 一次性办理 D17—ⅠAG 长调车进路,写出:

(a) D7AD、D9AD、D13AD 各灯白闪的顺序;

(b) D3/ZJ、D9/ZJ、D7/FKJ、D17/FKJ 的励磁顺序;

(c) D17/KJ、D7/KJ 的励磁顺序、信号开放顺序。

(3) 第三组：

① 办理 D18—5G 与 D18—D20 两调车进路，分析故障范围，并记录在表 4.4.5 中。

表 4.4.5　故障分析表

排路情况	
现象分析	
故障分析	

② 分别一次性办理 D2—5G 和 X5—D2 长调车进路，分析故障范围，并记录在表 4.4.6 中。

表 4.4.6　故障分析表

排路情况	
现象分析	
故障分析	

③ 一次性办理 D8—ⅠG 长调车进路，写出：

(a) XⅠAD、D10AD、D12AD、D8AD 各灯白闪的顺序；

(b) D10/ZJ、XⅠ/ZJ、D8/FKJ、D12/FKJ 的励磁顺序；

(c) D8/KJ、D12/KJ 的励磁顺序、信号开放顺序。

(4) 第四组：

① 分别办理 D6—ⅡG 和 D8—4G 调车进路，分析故障范围，并记录在表 4.4.7 中。

表 4.4.7　故障分析表

排路情况	
现象分析	
故障分析	

② 在轨道电路模拟盘上短路 8—10DG 后办理 D8—ⅡG 调车进路，10/12 的 1FCJ 和 2FCJ 及 14/DCJ 谁能励磁？道岔能否转换？为什么？

③ 一次性办理 XⅠ—D8 长调车进路，写出：

(a) XⅠAD、D10AD、D12AD、D8AD 各灯白闪的顺序；

(b) D12/ZJ、XDZJ、XⅠ/FKJ、D10/FKJ 的励磁顺序；

(c) D10/KJ、XⅠ/KJ 的励磁顺序、信号开放顺序。

四、注意事项

(1) 处理故障时，不要急于动手测量，一定要注意观察控制台现象，同时结合组合架继电器的状态，确定是几线的问题。

(2) 处理完故障，一定要进行分析总结，再次遇到此类故障，处理起来才能节省时间。

五、实训报告

班级		姓名		电话	
实训地点		实训小组		指导老师	
实训项目				实训时间	
实训内容					
性能测试					
实训小结					

项目五 6502 电气集中执行组电路原理、特性及故障分析

一、实训目的

(1) 熟悉 6502 执行组电路的组成和作用。
(2) 掌握信号开放电路的动作程序及开放信号的联锁条件。
(3) 掌握正常解锁、各种非正常解锁电路的解锁条件、动作原理、解锁规律。
(4) 通过观察开放信号、进路解锁过程及控制台上表示灯的显示状态来分析电路故障。

二、实训设备

6502 电气集中设备,沙盘模拟战场。

三、实训指导

(一) 执行组电路的作用和组成

1. 作用

信号开放电路以信号检查继电器来检查开放信号的三项基本联锁条件,用区段检查继电器、股道检查继电器及 1LJ、2LJ、SJ、ZCJ 等继电器来锁闭进路,由信号继电器来检查开放信号的所有联锁条件,符合后开放信号。

进路解锁时,在信号关闭后车列经过进路进行三点检查使进路正常解锁,取消和人工解锁时,检查符合有关的解锁条件后,解锁进路上的道岔和敌对进路,完成其他各种锁闭与解锁,如区段锁闭与解锁、故障锁闭与解锁、引导锁闭与解锁等。

2. 组成

(1) 信号控制电路主要由 4 条网络线组成。8 线是 XJJ 用于检查进路空闲、道岔位置正确、敌对进路未建立;9 线是各 QJJ、GJJ 线圈的励磁电路;10 线是 QJJ 的自闭电路,QJJ↑为锁闭进路准备条件,QJJ↓为解锁进路准备条件,GJJ 为检查对方咽喉的敌对条件;11 线是 XJ 网络,通过 7、8、11 线检查开放信号的全部联锁条件。

(2) 信号点灯电路,可构成各种信号显示及检查灯丝的完整性。

(3) 12、13 线是解锁网络,主要由 1LJ、2LJ、CJ、FDGJ 来检查解锁的联锁条件和确定解锁时机。

(4) 由 SJ 的接点控制道岔控制电路。

(5) 由 YXJ、YJJ、YZSJ、YAJ 等完成进路式引导锁闭与解锁和全咽喉总锁闭与解锁。

(二) 信号控制电路的动作程序及联锁条件

1. 动作程序

KJ↑→XJJ↑→各 QJJ↑、GJJ↑→1LJ↓、2LJ↓→SJ↓、ZCJ↓→进路锁闭→XJ↑→通过信号点灯电路开放信号。

2. 信号开放后各主要继电器的工作状态

(1) 列车进路始端:在 LXZ 组合中 LKJ↑、KJ↑、XJJ↑、LXJ↑、DJ↑。
(2) 终端:在 1LXF、2LXF 中 GJJ↑、ZCJ↓。
(3) 调车进路始端:在 DX 组合中 KJ↑、XJJ↑、XJ↑、DJ↑。
(4) 终端:在 DX 组合中 ZJ↑。
(5) 进路中各区段:在 Q 组合中 QJJ↑、1LJ↓、2LJ↓、CJ↓、DGJ↑。
(6) 进路中各道岔:在 SDZ、SDF、DD 组合中 1SJ↓或 2SJ↓、SJ↓、DBJ↑或 FBJ↑。

(三) 锁闭与解锁电路动作程序及解锁条件

1. 动作程序

(1) 锁闭进路。

KJ↑→XJJ↑→各 QJJ↑→1LJ↑、2LJ↑→CJ↑、SJ↓、ZCJ↓→进路锁闭。

(2) 解锁进路。

① 正常解锁。

从始端向终端经三点检查后逐段解锁。

第一道岔区段被占用:

一 DGJ↓→XJJ↓,XJ↓关闭信号,KJ↑、XJ↑(缓放)、一 FDGJ↑、一 QJJ↓、XJJ↓→一 1LJ↑(从左向右)或 2LJ↑(从右向左)。

第二道岔区段被占用:

二 DGJ↓→二 FDGJ↑、二 QJJ↓→2LJ↑→SJ↑、CJ↑→KJ↑。

……最后区段的 1LJ↑、2LJ↑后→SJ↑→ZCJ↑进路解锁。

② 取消和人工解锁。

由人工操纵启动解锁进路,先动作 12 线,后动作 13 线。进路由终端向始端解锁。

③ 调车中途返回解锁。

车列占用过并出清的区段按正常解锁进路进行,中途返回未正常占用、出清的区段按调车中途返回解锁方式解锁。解锁规律同取消解锁。

2. 进路解锁时各主要继电器的工作状态

(1) 正常解锁进路。

车列进入接近区段:在 LXZ 或 DX 组合中 JYJ↓。

车列进入信号内方:

在 Q 组合中 DGJ↓、DGJF↓、FDGJ↑、QJJ↓、1LJ↑或 2LJ↑;

在 LXZ 组合中 XJJ↓、LXJ↓(缓放)、LKJ↑、KJ↑;
在 1LXF 或 2LXF 组合中 GJJ↓;
在 DX 组合中 XJJ↓、DXJ↓、KJ↑、ZJ↑。
车列出清第一道岔区段进入第二道岔区段:
在 Q 组合中 DGJ↑、DGJF↑、1LJ↑、2LJ↑、FDGJ↓(3~4 s 后)、CJ↑;
在第二道岔区段 Q 组合中 1LJ↑或 2LJ↑;
在 LXZ 组合中 KJ↓→LKJ↓;
在 DX 组合中 KJ↓;
在 SDZ 或 DD 组合中 1SJ↑或 2SJ↑、SJ↑;
……
车列出清最后区段:
在最后的 Q 组合中 DGJ↑、DGJF↑、1LJ↑、2LJ↑、FDGJ↓(缓放)、→CJ↑;
在 SDZ、DD 组合中 1SJ↑或 2SJ↑、SJ↑;
在 1LXF、2LXF 组合中 ZCJ↑;
在 DX 组合中 ZJ↓。

(2) 取消和人工解锁进路。
办理取消操纵后:
在 F 组合中 ZQJ↑;
在 1LXF、2LXF、DX 组合中 LAJ↑或 DAJ↑、QJ↑→LXJ↓,或 DXJ↓、XJJ↓↑;
在各 Q 组合中 QJJ↓。
办理人工解锁后:
在 F 组合中 ZRJ↑、ZQJ↑;
在 DY 组合中 1RJJ↑→1XCJ↑或 2RJJ↑→2XCJ↑;
解锁从 12 线开始由始端送入 KF。
取消进路:
列车:在 LXZ 组合中 JYJ↑、QJ↑、XJJ↑、KJ↑;
调车:在 DX 组合中 JYJ↑、QJ↑、XJJ↑、KJ↑;当进路从左向右时,12 线上各 Q 组合中 1LJ↑→CJ↑→1LJ↑→CJ↑→……从始端向终端顺序励磁;当进路从右向左时,12 线上各 Q 组合中 2LJ↑→CJ↑→2LJ↑→CJ↑→……顺序励磁。
人工解锁时不同点仅是 JYJ↓,限时后 12 线 LJ 动作;
12 线工作正常后 13 线开始动作;
列车由 1LXF、2LXF 中的 GJJ↑向 13 线送 KF;
调车由 DX 组合中的 ZJ↑将 12 线的 KF 送上 13 线。
在各 Q 组合中:
当进路从左向右时,2LJ↑→2LJ↑……从终端向始端顺序励磁;
当进路从右向左时,1LJ↑→1LJ↑……从终端向始端顺序励磁。
在各 DD、SDZ 组合中:
各 SJ↑、1SJ↑或 2SJ↑;
列车 ZCJ↑、调车 ZJ↓,最后 KJ↓进路解锁。

(3) 调车中途返回解锁。

按正常解锁和取消查看各继电器状态。

(四) 控制台显示情况

1. 信号开放过程中控制台的显示状态

(1) 选路完成:LPBD 灭灯,LAD(列车始端)从闪绿灯到稳定绿灯,DAD(调车始端)从闪白灯到稳定白灯、其余 AD 灭灯。

(2) 进路锁闭:由 1LJ↓、2LJ↓构成整条进路白光带。

(3) 信号开放:信号复示器亮绿灯或白灯,始端按钮 LAD 或 DAD 稳定灯光灭灯。

(4) 用 DJ 检查灯丝完好:

① 禁止信号灯泡——红灯或蓝灯平时完好时,除进站信号复示器点红灯外,其他信号复示器均不点灯。

② 平时发生红灯或蓝灯灯泡主副灯丝双断丝灭灯时,除进站信号复示器闪红灯外,其他信号复示器均闪白灯。

③ 允许灯光灭灯时,进站信号复示器由绿灯转为红灯,出站信号复示器为绿灯灭灯,调车信号复示器为白灯灭灯。

④ 列车信号主灯丝断丝时,咽喉区主灯丝断丝报警红灯亮,同时断丝报警电铃鸣响。

2. 解锁过程中控制台的显示状态

(1) 正常解锁。

① 首先信号自动关闭,列车信号复示器绿灯灭灯,调车信号复示器白灯灭灯。

② 车列占用的区段,白光带转变为红光带,车列出清该区段。若红光带灭灯,表示该区段已解锁;若红光带转变为白光带,表示该区段未解锁。

③ 随车列从进路上经过,进路从始端向终端逐段由白变红,然后灭灯。

(2) 取消和人工解锁。

① 按压 ZQA→ZQD 亮红灯,信号关闭,复示器绿灯或白灯灭灯。若按压 ZRA,ZRD 和 ZQD 亮红灯,同时 3 分钟人解灯或 30 秒人解灯亮红灯,信号关闭,复示器绿灯或白灯灭灯。

② 进路解锁时,进路白光带从终端向始端逐段灭灯。

(3) 调车中途返回解锁。

① 调车驶过部分的进路按正常解锁,关闭信号和光带逐段灭灯。

② 调车中途返回解锁时,牵出进路未占用部分的白光带,在调车折返出清接近区段时其接近区段红光带灭灯后,牵出进路的白光带从终端向始端逐段解锁灭灯。

(五) 故障分析

分析步骤与方法:先从控制台表示灯显示状态分析、判断故障范围,然后查找故障点。

1. 信号控制电路故障分析

在办理进路过程中,仔细观察各表示灯点灯是否正常。

(1) 进路中道岔是否转换到位。观察各道岔表示灯的绿灯(定位)或黄灯(反位)是否亮灯。

(2) 进路是否锁闭。观察进路是否点白光带。

(3) 信号是否开放。观察信号复示器是否亮灯。
(4) 信号开放后不能保持。信号复示器亮过后又灭灯。

通过观察继电器工作状态是否正常,分析是继电器电路故障还是线圈故障。

2. 解锁电路故障分析

(1) 进路锁闭。各区段白光带是由各 1LJ↓、2LJ↓ 构成的,股道的白光带是由 ZCJ↓ 构成的。

进路个别区段发生不点白光带情况,是由于漏锁区段 QJJ 未励磁造成 1LJ、2LJ 仍在吸起状态所致。

进路上所有区段均不点白光带,说明整条进路未锁闭,故障分为道岔控制电路与网络线问题。

对道岔控制电路,单独操纵进路中各道岔,看道岔表示灯是否随之变化。排列进路按下 JGA 看光带与进路是否一致。

网络线上故障,观察 KJ 是否吸起、调车时 ZJ 是否吸起,再看 XJJ 是否吸起,最后确认 9 线始端继电器接点是否向 9 线送 KZ,各 QJJ 是否吸起。

(2) 进路不能正常解锁。车列驶过进路后,整条进路又出现白光带,故障从始端第一道岔开始查找。首先看 LXJ 或 DXJ 及 XJJ 是否落下,第一道岔区段 QJJ↓、FDGJ↑后,从左向右时确认 1LJ 是否励磁(从右向左时看 2LJ),故障从 13 线 FDGJ↑至始端 12 线 CJ↓,查找 1LJ 励磁电路,若 1LJ↑、DGJ↑,则查找 13 线未使 2LJ 励磁的原因,一般为第二区段 FDGJ 未能吸起。

若第一区段白光带灭灯,以后各区段仍点白光带,查看第二道岔区段 1LJ 是否励磁(从右向左时看 2LJ)。首先确认第一区段 1LJ↑、2LJ↑后 CJ 是否有缓动特性,第二道岔区段是否 FDGJ↑→QJJ↓,若 1LJ↑、DGJ↑,则同样查找 13 线未使 2LJ 励磁的原因。以后各道岔区段的查找方法与此相同。

若股道白光带不灭灯,查看 ZCJ 是否励磁,找出 ZCJ 不励磁的原因。

为了确认是解锁 12 线或 13 线网络故障还是局部电路故障,1LJ↑2LJ↑、CJ↓ 缓动向 12 线送 KF 故障电路及 FDGJ↑、1LJ↓ 或 2LJ↓ 局部电路故障,可先进行故障区段故障解锁后,办理该进路接车方向和发车方向的进路取消,观察各区段 1LJ 和 2LJ 状态,能正常取消,则 12、13 线网络良好,故障在局部电路。

进路不能取消,办理取消后首先看各区段 QJJ 是否全部落下,若 QJJ 不落,找出原因。

列车进路取消时,发现进路白光带有明暗变化,但白光带仍不灭灯,观察各区段的 1LJ↑,说明 12 线工作正常,应查看 GJJ 是否励磁,其向 13 线送入 KF 的接点闭合是否良好。调车进路应确认 ZJ52、ZJ62 是否将 12 线 KF 解锁电源转入 13 线。

人工解锁不延时,应确认 1XCJ、2XCJ 是否延时吸起。

(六) 分组分析故障

1. 第一组

(1) 分别办理 XD—5G、XD—ⅢG 接车进路与 D11—5G、D11—ⅢG 调车进路,找出不能建立进路的原因,并记录在表 4.5.1 中。

表 4.5.1　故障分析表

排路情况	
现象分析	
故障分析	

(2) 分别办理 D17—D7 及 D9—ⅠG 长调车进路,分析不能建立调车进路的故障原因,并记录在表 4.5.2 中。

表 4.5.2　故障分析表

排路情况	
现象分析	
故障分析	

2. 第二组

(1) 分别办理 SⅡ—北京方向、SⅡ—XD 发车进路及 SⅡ—D1 长调车进路,分析故障原因,并记录在表 4.5.3 中。

表 4.5.3　故障分析表

排路情况	
现象分析	
故障分析	

(2) 分别办理 D9—ⅠG 及 D17—D7 调车进路的正常解锁,分析故障原因,并记录在表 4.5.4 中。

表 4.5.4　故障分析表

排路情况	
现象分析	
故障分析	

3. 第三组

(1) 分别办理 XⅠ—天津方向发车进路和 D10—天津方向长调车进路,分析故障原因,并记录在表 4.5.5 中。

表 4.5.5　故障分析表

排路情况	
现象分析	
故障分析	

(2) 分别办理 S—4G 接车进路和 D6—4G 调车进路,判断故障原因,并记录在表 4.5.6 中。

表 4.5.6　故障分析表

排路情况	
现象分析	
故障分析	

四、注意事项

（1）处理故障时，不要急于动手测量，一定要注意观察控制台现象，同时结合组合架继电器的状态，确定是几线的问题。

（2）处理完故障，一定要进行分析总结，再次遇到此类故障，处理起来才能节省时间。

五、实训报告

班级		姓名		电话	
实训地点		实训小组		指导老师	
实训项目				实训时间	
实训内容					
性能测试					
实训小结					

项目六　四线制道岔控制电路

一、实训目的

(1) 掌握道岔启动电路分级控制方式。
(2) 熟悉道岔启动电路检查的联锁条件。
(3) 掌握道岔表示电路技术要求。
(4) 能熟练地跑通道岔启动和表示电路。

二、实训设备

6502 电气集中设备 1 套,四线制单动道岔控制电路图纸 1 张。

三、实训指导

(一) 道岔启动电路工作原理

四线制单动道岔控制电路(定位一、三排接点闭合)如图 4.6.1 所示。启动电路采用分级控制方式,首选由第一道岔启动继电器 1DQJ 检查联锁条件,然后由第二道岔启动继电器 2DQJ 控制电动机的旋转方向,最后由直流电动机转换道岔。

道岔控制分为进路操纵和单独操纵两种方式。

1. 进路操纵

进路操纵通过办理进路,使选岔网路中 DCJ 或 FCJ 吸起,接通道岔启动电路,转换道岔至规定位置。图 4.6.1 所示的道岔处于定位状态,按进路操纵使道岔由定位向反位转换时,道岔启动电路的第一阶段即 1DQJ 的励磁电路为

$KZ \to CA_{61-63} \to SJ_{81-82} \to 1DQJ_{3-4} \to 2DQJ_{141-142} \to AJ_{11-13} \to FCJ_{61-62} \to KF$

第二阶段 2DQJ 转极电路为

$KZ \to 1DQJ_{41-42} \to 2DQJ_{2-1} \to AJ_{11-13} \to FCJ_{61-62} \to KF$

第三阶段 1DQJ 自闭电路即电动机电路为

$DZ_{220} \to RD_3 \to 1DQJ_{1-2} \to 1DQJ_{12-11} \to 2DQJ_{111-113} \to$ 自动开闭器 11-12 $\to$ 电动机定子绕组 2-3 $\to$ 电动机转子绕组 3-4 $\to$ 安全接点 05-06 $\to 1DQJ_{21-22} \to 2DQJ_{121-123} \to RD_1 \to DF_{220}$

当道岔转至反位后,自动开闭器 11-12 接点断开,使电动机停转。同时断开 1DQJ 的 1-2 线圈自闭电路,使 1DQJ 缓放落下,接通道岔表示电路。若要再将道岔转回定位,办理进路后 DCJ 吸起,重新接通道岔启动电路。

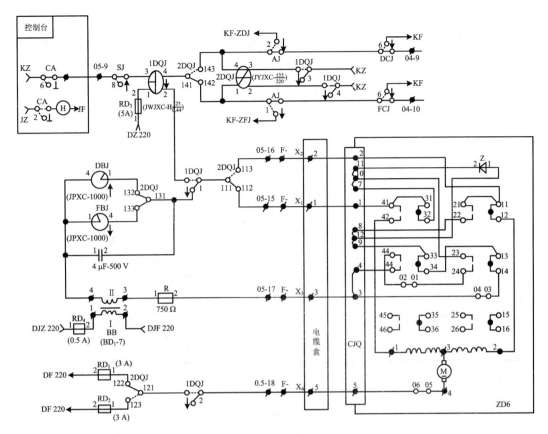

图 4.6.1 四线制单动道岔控制电路

2. 单独操纵

单独操纵道岔使其从定位转向反位,按下道岔按钮,同时按下本咽喉道岔总反位按钮 ZFA,道岔按钮继电器 AJ 和道岔总反位继电器 ZFJ 吸起,条件电源 KF-ZFJ 有电,接通道岔启动电路的第一阶段即 1DQJ 的励磁电路为

$KZ \rightarrow CA_{61-63} \rightarrow SJ_{81-82} \rightarrow 1DQJ_{3-4} \rightarrow 2DQJ_{141-142} \rightarrow AJ_{11-12} \rightarrow FCJ_{61-62} \rightarrow KF\text{-}ZFJ$

第二阶段 2DQJ 转极电路为

$KZ \rightarrow 1DQJ_{41-42} \rightarrow 2DQJ_{2-1} \rightarrow AJ_{11-12} \rightarrow KF\text{-}ZFJ$

第三阶段 1DQJ 自闭电路即电动机电路为

$DZ_{220} \rightarrow RD_3 \rightarrow 1DQJ_{1-2} \rightarrow 1DQJ_{12-11} \rightarrow 2DQJ_{111-113} \rightarrow$ 自动开闭器 11-12 $\rightarrow$ 电动机定子绕组 2-3 $\rightarrow$ 电动机转子绕组 3-4 $\rightarrow$ 安全接点 05-06 $\rightarrow 1DQJ_{21-22} \rightarrow 2DQJ_{121-123} \rightarrow RD_1 \rightarrow DF_{220}$

单独操纵道岔时启动电路动作和进路操纵动作基本相同,只不过负电源是条件电源 KF-ZFJ 或 KF-ZDJ,并由 AJ 将其接入 1DQJ 或 2DQJ 的电路中。

(二) 道岔表示电路工作原理

道岔表示电路(定位—、三排接点闭合)如图 4.6.1 所示。

DBJ 和 FBJ 均采用 JPXC-1000 型偏极继电器。道岔表示电路所用电源由变压器 BB 供给,该变压器是变压比为 2∶1 的 BD_{1-7} 型道岔表示变压器。其初级输入电压为交流 220 V,次级输出电压为 110 V。DBJ 和 FBJ 线圈并联有电容器 C，电路中还串接有二极管 Z。

当道岔转换到定位或反位后，自动开闭器动作接点断开 1DQJ$_{1-2}$ 线圈自闭电路，使 1DQJ 失磁，用 1DQJ 第 1 组后接点接通道岔表示电路。

当道岔在定位时，DBJ 的励磁电路为

BB$_3$—R$_{1-2}$—移位接触器 04-03—自动开闭器 14-13—自动开闭器 34-33—二极管 Z$_{1-2}$—自动开闭器 32-31—自动开闭器 41—2DQJ$_{112-111}$—1DQJ$_{11-13}$—2DQJ$_{131-132}$—DBJ$_{1-4}$—BB$_4$

当道岔在反位时，FBJ 的励磁电路为

BB$_3$—R$_{1-2}$—自动开闭器 44-43—移位接触器 02-01—自动开闭器 24-23—二极管 Z$_{2-1}$—自动开闭器 22-21—自动开闭器 11—2DQJ$_{113-111}$—1DQJ$_{11-13}$—2DQJ$_{131-133}$—FBJ$_{1-4}$—BB$_4$

从上述单独道岔表示电路中可以看出，通过电动转辙机自动开闭器的定位表示接点接通电路，经二极管 Z 将交流电进行半波整流，整流后的正向电路方向正好与 DBJ 的励磁方向一致，使 DBJ 吸起。在交流电负半周，由于电容器 C 的放电作用，使 DBJ 保持可靠吸起。

当道岔转换到反位后，自动开闭器反位表示接点接通，二极管反接在表示电路中，改变了半波整流后电流的方向，使 FBJ 吸起。

分组实验，观察 1DQJ、2DQJ、DBJ、FBJ 的状态和道岔表示灯的显示情况，并填写表 4.6.1。

表 4.6.1 启动继电器的状态和道岔表示灯的显示情况

道岔状态	启动电路	表示电路	道岔表示灯
定位			
反位			

分组实验，操作道岔状态转换，观察 1DQJ、2DQJ、DBJ、FBJ 的状态和道岔表示灯的显示情况，并填写表 4.6.2。

表 4.6.2 启动继电器的状态和道岔表示灯的显示情况

操作方式	道岔状态	启动电路	表示电路	道岔表示灯	不同点
单独操作	定→反				
	反→定				
进路式操作	定→反				
	反→定				

四、注意事项

（1）扳动室外道岔时，应和室外人员联系后再扳动，手和脚不能放在道岔动作区，室、内外人员应注意密切联系。

（2）扳动室外道岔时，注意相应道岔指示灯状态、2DQJ 的状态及控制台电流表的变化。

五、实训报告

班级		姓名		电话	
实训地点		实训小组		指导老师	
实训项目				实训时间	
实训内容					
性能测试					
实训小结					

项目七　信号机点灯电路

一、实训目的

（1）掌握色灯信号机的显示意义。
（2）能熟练地跑通各种信号机点灯电路。

二、实训设备

控制台，进站信号机，信号点灯电路图。

三、实训指导

1. 信号机点灯电源

6502电气集中联锁车站使用的信号机为色灯信号机，采用集中供电方式，由设在信号继电器室里的电源屏供给专用的交流220 V点灯电源。信号机灯泡一般采用12 V 25 W双灯丝灯泡。由于点灯电源是220 V，为此在信号机旁设变压器箱，箱内对每一个灯泡分别设有一台BX_{1-34}型信号点灯变压器（矮型信号机可设在机构后盖内），初级电压为220 V，次级电压为13～14 V。

2. 信号机点灯电路断线防护

信号机点灯电路的故障-安全电路：
（1）允许灯光灭灯信号显示降级，如绿灯或黄灯灭灯时，要自动改点红灯。
（2）禁止灯光灭灯时，不允许信号机再开放（对进站信号机和正线出站信号机而言）。
（3）在点灯电路上串接灯丝继电器，用来监督灯丝的完整性，能同时点亮几个灯，就设几个灯丝继电器。

3. 信号机点灯电路混线防护

信号机点灯电路混线，将会点亮平时不应该点亮的灯光。在进站信号机上，同时点亮红灯和月白灯是引导信号，因而月白灯因混线错误点灯是不允许的。红灯和绿灯或红灯和黄灯同时点亮是乱显示，乱显示被认为是禁止信号。这些情况必须采取混线防护措施。

4. 信号机主副灯丝转换

信号灯泡是双灯丝，在点灯电路中，灯泡的主灯丝电路都串接一个灯丝转换继电器，当主灯丝断丝时，DZJ落下，通过它的后接点将副灯丝接在电路中，使副灯丝点亮，继续给出信号显示。由于副灯丝寿命比较短（约200 h），只有主灯丝寿命的1/5，所以主灯丝断丝报警后，应及时更换灯泡。

5. 进站信号机点灯电路

进站信号机点灯电路如图 4.7.1 所示。

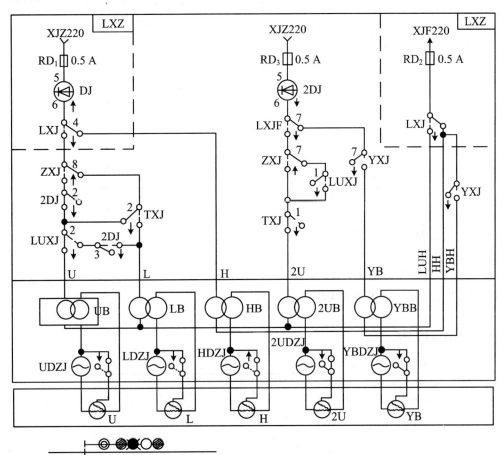

图 4.7.1　进站信号机点灯电路

进站信号机有五个灯泡,灯位从上至下排列顺序为:U、L、H、2U、YB。U、L 和 H 用第一灯丝继电器 DJ 监督,2U 和 YB 用第二灯丝继电器 2DJ 进行监督。

(1) 平时进站信号机点红灯,红灯点灯变压器 HB 次级有输出,因此在初级线圈中串接的 DJ 在吸起状态,表示灯泡完好。

(2) 假如红灯主、副灯丝都烧断而灭灯,那么 DJ 将因 HB 的次级没有输出,初级电路中的电流大大减少而落下。用 DJ 的后接点使控制台相应的信号复示器闪红灯,及时反映出红灯灯丝断。

(3) 在进站信号机开放时,当 LXJ 吸起,一方面断开红灯点灯变压器初级电路,另一方面把点灯电源接向允许灯光。允许灯光亮什么灯,取决于建立什么样的进路。

6. 分组实验,并进行记录

分组实验,在控制台上模拟办理不同的进路,使进站信号机点亮红、红白、黄黄闪、双黄、黄、绿黄、绿等七种不同的灯光颜色,观察不同点灯颜色下相应继电器的状态,并记录在表 4.7.1 中。

表 4.7.1 相关继电器的状态

进站信号机显示状态	相关继电器的状态
红灯	
红白灯	
黄黄闪	
双黄	
黄	
绿黄	
绿	

四、注意事项

(1) 信号机灯泡点灯电压为 12 V 左右,测量时注意选择挡位。

(2) 信号机点灯电路如何实现故障-安全的?

五、实训报告

班级		姓名		电话	
实训地点		实训小组		指导老师	
实训项目				实训时间	
实训内容					
性能测试					

续表

实训小结	

项目八 电气集中电路的动作规律

一、实训目的

（1）掌握 6502 电气集中电路的结构及作用。
（2）掌握 6502 电气集中电路的动作顺序。

二、实训设备

控制台，进站信号机，出站信号机，信号点灯电路图纸，组合架等。

三、实训指导

（一）电路简介

6502 电气集中电路分为选择组电路和执行组电路两部分。

1. 选择组电路

选择组电路分为记录电路、选岔电路和开始继电器电路。

（1）记录电路：由按钮继电器和方向继电器电路组成，用于记录行车指令、区分进路的性质和方向。

（2）选岔电路：由六条网络线组成，1、2 线用来选八字第一笔双动道岔的反位；3、4 线用来选八字第二笔双动道岔的反位；5、6 线用来选双动道岔的定位和单动道岔定反位以及进路中信号点的 JXJ。

（3）开始继电器电路：7 线是开始继电器网络线，用以检查进路的选排一致性。1～6 线有一个显著的特点就是无论进路的方向如何，电路总是从左至右顺序传递动作的。1、3、5 线总是从网络左端接入 KZ 电源，2、4、6 线总是从网络右端接入 KF 电源。

其他继电器（LKJ、FKJ、ZJ）用以记录和确定进路的始、终端并作为电路的区分条件。

2. 执行组电路

执行组电路由道岔控制电路、锁闭电路、信号控制电路、解锁进路和引导信号电路组成。

（1）8 线为信号检查继电器网络线，用以检查信号开放的三大基本条件。
（2）9 线为区段检查和股道检查继电器的网络线，用于对进路进行预先锁闭。
（3）10 线为区段检查继电器自闭用的网络线，用于防止进路迎面错误解锁。
（4）11 线为信号继电器的网络线，实现信号开放。
（5）12、13 线为解锁网络线，实现进路解锁。

(6) 14、15 线为进路光带网络线。

(二) 6502 电路动作顺序

(1) 按压始端按钮,始端 AJ 励磁并自闭。其作用有三点:一是点亮按钮表示灯,使之闪光;二是接通相应的方向继电器的励磁电路,方向继电器吸起,点亮进路排列表示灯;三是向选岔网络送 KZ 或 KF(若进路的始端在网络的左侧,则向 1、3、5 线送 KZ;若进路的始端在网络的右侧,则向 2、4、6 线送 KF)。

(2) 按压终端按钮,终端 AJ 励磁并自闭。其作用也有三点:一使按钮闪光;二接通方向继电器自闭电路;三向选岔网络送 KF 或 KZ(若终端在网络的右侧,则向 2、4、6 线送 KF;若终端在网络的左侧,则向 1、3、5 线送 KZ)。

(3) 接通 1~6 线选岔电路。如果进路上有八字第一笔道岔反位,就先接通 1、2 线,使该道岔的 1FCJ、2FCJ 励磁并自闭;如果进路上有八字第二笔道岔反位,则先接通 3、4 线,使该道岔的 1FCJ、2FCJ 励磁并自闭。

选出双动道岔反位后,接通 5、6 线。先使网络最左端的 JXJ 励磁并自闭,然后按从左到右顺序选出双动道岔的定位、单动道岔的定位或反位以及中间信号点的 JXJ,最后使网络右侧的 JXJ 励磁并自闭。

(4) 始端的 JXJ 吸起与方向电源配合,使 LKJ 或 FKJ 励磁并自闭;终端 JXJ 吸起与方向电源配合,使 ZJ 励磁并自闭。

(5) 道岔的 DCJ 或 FCJ 吸起,接通道岔控制电路,1DQJ 励磁,2DQJ 转极,动作室外道岔,道岔到位后,沟通新的道岔位置表示。

(6) 始、终端 JXJ 吸起,切断各自 AJ 自闭电路,AJ 缓放落下,AJ 复原使方向继电器复原,方向继电器复原又使所有的 JXJ 复原。此时,始终端按钮的闪光均熄灭,排列灯熄灭,始端改点稳光。

(7) 进路上选排一致接通 7 线,KJ 吸起。

(8) 信号开放三大基本条件满足,接通 8 线,XJJ 吸起。

(9) XJJ 吸起接通 9 线,进路上各区段 QJJ 吸起,1LJ、2LJ 落下,点亮控制台白光带,同时使 CJ、SJ 落下,锁闭进路。向股道建立接车进路或向单线区间发车口建立发车进路时,9 线上的 GJJ 还要吸起,使 ZCJ 落下,点亮股道白光带或整条股道红光带。

(10) 信号开放的条件全部具备,接通 11 线,XJ 吸起,点亮复示器允许灯光,同时因 XJ 吸起,FKJ 复原,始端稳光熄灭。

(11) XJ 吸起,接通 10 线 QJJ 构成自闭以防止进路迎面错误解锁。

(12) 当列车进入接近区段时,JYJ 落下,进路构成接近锁闭。当列车完全出清接近区段时,JYJ 重新吸起。

(13) 当列车进入信号机内方第一个区段时,XJJ 落下,GJJ 随 XJJ 落下而复原。对于列车进路,因 XJJ 落下使 LXJ 落下,关闭信号,复示器灭灯或改点红灯。对于调车进路,DXJ 经 XJJ 落下条件接通一条白灯保留电路。关闭调车信号有两种情况:

① 列车或车列完全进入信号机内方,JYJ 吸起,切断保留电路使信号关闭,复示器灭灯。

② 当接近区段留有车辆时,必须出清信号机内方第一个道岔区段,有关 DGJF 吸起,切断保留电路使信号关闭。

(14) 进路正常解锁,12 线和 13 线开始工作。列车进入本区段,本区段由白光带改点红光带,且使 QJJ 复原,用先励磁的一个 LJ 记录前一区段解锁情况。当列车压入下一区段并出清本区段时,使另一个 LJ 吸起,实现三点检查。区段红光带随 FDGJ 复原而消失,有关 SJ、CJ 跟着吸起,本区段解锁。当列车出清最后一个道岔区段后,整条进路光带均消失,证明该进路全部解锁。若是向股道建立的接车进路,由于最后一个区段的 SJ 吸起使 ZCJ 重新吸起并自闭,股道由整条红光带改点两节红光带。正常解锁时,进路总是从始端至终端逐段解锁。

(15) 进路内方第一个道岔区段解锁后使始端的 KJ 和 LKJ 复原。调车进路最后一个道岔区段解锁后使 ZJ 复原。

四、实训内容及步骤

1. 办理 X 行向 IG 接车进路

控制台表示灯现象及各继电器动作过程:_____

_____

_____

_____

_____

_____

_____

_____

2. 办理 D7 向 D3 发车进路

控制台表示灯现象及各继电器动作过程:_____

_____

_____

_____

_____

_____

_____

_____

五、注意事项

(1) 选择组继电器的动作与控制台现象结合起来。

(2) 执行组继电器的动作与组合架继电器的状态结合起来。

六、实训报告

班级		姓名		电话	
实训地点		实训小组		指导老师	
实训项目				实训时间	
实训内容					
性能测试					
实训小结					

项目九　车站信号自动控制系统故障处理程序

一、实训目的

（1）了解现场处理故障的标准化程序。
（2）掌握故障处理的一般步骤。

二、实训设备

信号工常用工具，6502电气集中设备。

三、实训指导

（一）处理故障的标准化程序

处理故障不能盲目乱动，要按一定的程序进行，这是缩短故障延时，防止故障扩大化、复杂化的关键所在。

1. 故障发生

信号设备故障，不能正常动作时，信号人员应不分昼夜及天气状况，立即赶赴现场，了解情况，查明原因，迅速予以修复。

2. 询问了解

处理者到达现场后，应向有关部门询问具体情况，问明故障设备的名称、号码、区段及故障发生的时间、故障现象和状况。经过了解后，对故障原因一时弄不清或原因已清楚，可又不能及时进行修复的设备，应办理登记停用手续，并向调度及领工员汇报，以求得到帮助。

注意事项：仔细观察设备外表有何异状、设备有何外界影响。

3. 登记

办理停用登记时，应在车站运统17登记本上记明故障发生与设备停用的时间（年、月、日、时、分），以及由于停用故障设备所能影响到的其他设备（即影响范围）的名称、号码、区段、地点，在签上登记者姓名后，应请车站值班员确认签字。

注意事项：发生故障不能忙于处理时，应先登记，然后再处理，不能使事故性质升级。

4. 汇报

处理者在问明情况后，应及时向段调度、领工员汇报，其内容包括有故障设备名称、故障现象及影响范围，并说明已采取的措施，以得到技术业务上的指导。必要时还应请求行政领导的帮助。

5. 特殊情况会签

一时弄不清原因或涉及车务、机务、工务及其他部门的事,要同有关人员进行详细记录,经签字确认后再开始工作。

注意事项:没有弄清原因之前不得擅自乱动设备。

6. 查原因

设备停止使用后,按故障现象、状态进行分析查找,查找中应采取一定的措施与方法,使用合适的工具仪表;必要时可征得值班员同意后再进行试验,确定故障的性质和范围,做到沉着、细心,又快又准地把故障地点或原因找出来。

注意事项:坚持执行三·三安全制度,先分清故障在室内或室外。

7. 处理修复

查清故障原因后,应以沉着、谨慎、果断、负责的态度,迅速恢复设备的常态。修复中,不准拆甩联锁条件,不准采用不合理的人工解锁等不正当的方法处理故障,严禁臆测行车,盲目乱干、乱动、乱摸、乱拆、乱接、乱测,防止事故越级上升。在处理修复中,自始至终执行"三不动、二不离和十二禁止"安全措施。

8. 试验

修复故障后,应按所停用设备的范围,认真进行试验,经试验确认故障已排除,试验中证实设备再没有出现过故障及其他异常现象后方可交付使用。

9. 登记恢复使用

故障确已排除,经过试验确认一切良好后,可在运统17登记本上进行登记,写明恢复停用设备的名称、时间与故障原因,并经车站值班员签字。至此,设备恢复正常使用。

10. 事故障碍登记

把故障发生的概况登记在工区事故障碍登记本上作为依据和资料。

11. 处理汇报

处理完故障后,应把故障的发生状况及处理情况汇报给上级。

(二) 处理故障的一般步骤

处理故障时,可按"一看、二试、三查、四测、五处理"的五步查找法处理。

1. 看

看,就是认真观察控制台现象,主要是从表示灯亮灯情况、电流表指针摆动情况、电铃鸣响及各种按钮的位置等方面获取故障信息,再进行综合分析,以便确定故障性质和故障范围以及影响的范围等。

2. 试

试,就是办理与试验,通过重复办理,核实故障发生的经过,再采用其他的办理与试验手段进一步缩小故障范围,以确定具体的故障电路或故障部位。

3. 查

查,就是核实与复查。首先,要核实室内或现场与在控制台作出的判断是否相符。如根据控制台判断是 XJ 不励磁,那么进室内要确认 XJ 是否在落下状态。其次,复查故障电路的条件是否满足,该动作的设备是否动作,不该动作的设备是否误动。

4. 测

测,就是测试。上述三步的判断结果应该已将故障点确定在某一段电路上,这时就要使用仪表进行测试,查出故障点。属室内网络电路故障,应采用侧面端子检测法,先将故障确定在某一组合内;属局部电路故障,应采用接点查找法找出故障点。如果故障与室外有关,应先在分线盘上确定区分室内、外,再进行查找。

5. 处理

查出故障原因后,要对症下药,采取相应的措施,尽快恢复设备使用。一时不能修复,应采取应急措施;确不能修复时,应将设备停用待援。

下面举例说明怎样运用"五步查找法"处理故障。

例:排列 S_1 至 X 的列车发车进路时,始端亮稳光,终端灭光,进路均有白光带,信号不能开放。

一看:从现象可知进路已锁闭,FKJ 未复原,说明 LXJ 未吸起,即 11 线没有沟通。如前所述,产生这种现象的故障原因较多,需逐一排除。

二试:取消进路。能取消,说明属 LXJ 励磁电路故障(排除了其他的原因)。再重新办一次,仍然出现上述现象,说明确有故障存在,需要进一步缩小故障范围,以减少测试点。先排完全重叠进路,即下行Ⅱ道接车进路,也不能办,说明网络电路故障,再排与原进路重叠的短进路,排列结果为 D_1 至 D_5 能开放信号,而 D_5 至Ⅱ道不能开放。此时,排以 $5^\#$ 道岔为分界点的进路,发现定反位均不能排,可确定 $5^\#$ 岔尖处至 D_5 段 11 线网络故障,涉及 D_5DX、5DGQ 和 $5^\#DD$ 三个组合。

三查:进室内核实,判断与实际相符,上述三个组合内的条件也是满足的。实际上这种现象在控制台上很直观,LXJ 肯定未吸起,因复示器不亮绿灯;进路能取消,排除了 CJ 和 SJ 因故保留;道岔有表示,与 DBJ 或 FBJ 无关;进路都能亮白光带,与 D_5 的 FKJ 不可能错误吸起等,都说明纯属 11 线开路。

四测:网络电路故障用侧面端子查找法,LXJ 励磁从网络得到 KF,通过借 KZ 找 KF,涉及三个组合,先测 5DG 的 Q 组合(中间选点),侧面端子是固定使用的,Q 组合内 11 线经过 02－11 和 01－11(左为 01、右为 02),KF 应是从 02 至 01 传送;测 02－11 有 KF,但测 01－11 无 KF,说明故障在 Q 组合内;最后查出 CJ 第四组接点有电压(接触不良)。如果 01－11 有 KF,说明故障在 D_5DX 组合内;如果 02－11 无 KF,说明故障在 $5^\#DD$ 组合内。

五处理:更换 CJ,一切恢复正常。

四、注意事项

在现场处理故障时,应严格遵守处理故障的标准化程序。

五、实训报告

班级		姓名		电话	
实训地点		实训小组		指导老师	
实训项目				实训时间	
实训内容					
性能测试					
实训小结					

项目十　6502 电气集中选择组、执行组常见故障分析

一、实训目的

（1）熟悉选择组、执行组电路原理图。
（2）能够处理选择组、执行组常见故障。

二、实训设备

信号工常用工具，6502 电气集中电路网络图。

三、实训指导

处理 6502 电气集中电路故障，首先要看清现象，"读懂"控制台的显示；然后抓住主线作综合分析，再运用一些有效的办理手段，将故障范围限定在一个很小的区域内，直到在控制台上不能细化为止。

如表 4.10.1 所示，对 6502 电气集中电路存在的单个故障点进行分析，为读者处理故障提供参考。

表 4.10.1　故障点分析（1）

办理	始端	终端	排列灯	进路方向	进路性质	其他办理方式与显示	故障原因
按压始端	不闪		不亮			单置调车 1AJ 不励磁	始端 AJ 励磁电路故障
	闪光		不亮			进路不能正常排列	方向继电器励磁电路故障
松开始端	灭光		灭光			单置调车 AJ 不励磁，按压时排列灯不亮	始端 AJ 自闭电路故障
按压终端		不闪				进路不能正常排列	终端 AJ 励磁电路故障

续表

办理	始端	终端	排列灯	进路方向	进路性质	其他办理方式与显示		故障原因
松开终端	闪光	闪光	点亮		单置调车作始终端除外	双动道岔转不到反位。先办双动反位短进路再按压双动左端定位反向的进路按钮	定位进路能选(1)	双动1FCJ励磁电路故障
							定位进路不能选	双动2FCJ励磁电路故障
				从左至右	列车或列调兼用			左端JXJ不励磁或不自闭（含某区段CJ因故掉下，下同）
				从右至左	同上	排反向同性质进路(2)	始端能亮稳光	左端JXJ不自闭
							始终端仍闪光	左端JXJ不励磁或不自闭
				从左至右	调车专用始端(3)	按压总取消按钮(4)	始端稳光、终端灭光	5、6线除左端JXJ外，其他电路故障，含FCJ不自闭(5)
							始端稳光、终端闪光	终端按钮不复原(6)
							始、终端闪光均灭	左端JXJ不励磁或不自闭
松开终端	闪光	闪光	点亮	从右至左	调车专用终端（单置点除外）(7)	按压总取消按钮	始端稳光,终端灭光	相对应按钮不复原
						始终端灭光排反向进路	始端稳光,终端灭光	网络左端JXJ不自闭
							始终端仍闪光	按从左至右的进路区分
			瞬间灭一下	从左至右	调车专用始端			方向继电器不自闭(8)
				其他进路				一般情况不易发生
	闪光	闪光灭	点亮	从左至右				一般情况不易发生(9)
				从右至左	列车或列调兼用	重复办理一次，按压终端按钮时间长一些	进路能排列	终端AJ不缓放(10)
							保持原现象	5、6线除左端JXJ外，其他电路故障含FCJ不自闭
					调车专用终端			终端AJ不缓放火终端JXJ不自闭

续表

办理	始端	终端	排列灯	进路方向	进路性质	其他办理方式与显示		故障原因
松开终端	闪光	闪光灭	点亮	从左至右				终端 AJ 不缓放火终端 JXJ 不自闭
				从右至左				一般情况不易发生(11)
	稳光	闪光	瞬间灭一下	从左至右	列车或列调兼用			方向继电器不自闭
			点亮	从左至右	列车或列调兼用			5、6 线除左端 JXJ 外,其他电路故障含 FCJ 不自闭
				从右至左	列车或列调兼用	按压总取消按钮终端闪光不灭		终端按钮不复原
				从左至右	列车或列调始端			网络左端 JXJ 不自闭(12)
				从右至左	调车专用终端			一般情况不易发生(13)
	闪光灭	闪光灭	灭	从左至右	列车或列调兼用	改排调车进路	调车进路能排	LKJ 励磁电路故障
							保持原现象	FKJ 励磁电路故障
				从右至左	列车或列调兼用	先后长时间按压始终端按钮	进路能排	始端 AJ 不缓放
							保持原现象	LKJ、FKJ 励磁电路故障
	稳光灭	灭	灭			重复办理一次进路有白光带或信号能开发		FKJ 自闭电路故障(15)
	稳光灭	灭	灭			进路无白光带		见表 4.10.2

表 4.10.2 故障点分析(2)

故障现象	其他办理与显示				故障原因
始端稳光,终端灭灯,进路无白光带	挤岔报警				道岔控制电路故障
	挤岔不报警,按压接通光带按钮	双动道岔左端定位无白光带			DBJF 因故掉下(16)
		选排不一致,将道岔单独操纵	道岔能到位(单操方与进路操纵不公用部分故障)		1DQJ 励磁电路故障
			道岔不能到位,再以原 P 来位置排列进路	能排(单操与进路操纵公用部分故障)	1DQJ 励磁电路故障
				仍不能排	SJ 因故掉下(17)
		选排一致,将进路上所有道岔扳到与进路相反的位置	某组道岔扳不动		SJ 因故掉下
			所有道岔能扳动	不能扳回原位	DCJ 或 FCJ 不自闭
				中间信号点不闪(19)	中间信号点 FKJ 保留
				能自动返回。按压中间信号点按钮	
				调车进路信号能开放或有白光带	ZJ 自闭电路故障(20)
				都闪,取消重办	
				保持原现象,见表4.10.3	

表 4.10.3 故障点分析(3)

故障现象	进路性质和方向	区分方法	控制显示与辅助办理手段		故障原因
始端稳光,终端灭光,进路无白光带。怎样区分7线、8线、9线与ZJ故障	列车接车进路	办理引导进路锁闭(21)	进路有白光带	引导进路能解锁	7 线故障(KJ)
				引导进路不能解锁	8 线故障(XJJ)
			进路无白光带		9 线故障(QJJ、GJJ)
	单线区段列车发车进路	办理引导进路锁闭	股道有白光带	引导信号能开放	7 线故障(KJ)
				引导信号不能开放(22)	8 线故障(XJJ)
			股道无白光带		9 线故障(QJJ、GJJ)
	复线区段列车发车进路	办理同向重叠调车(23)	调车信号能开放		LZJ 不励磁或不自闭(含 7、8 线终端)
			不能开放	能将故障变换成列车接车进路	按列车接车进路区分
				不能变换。确认继电器动态	7、8、9 线故障
	与列车接车进路重叠的同向调车专用终端进路	办理引导进路锁闭	光带穿过终端		ZJ 励磁电路故障
			光带截止在终端	引导进路能解锁(24)	7 线故障(KJ)
				引导进路不能解锁	8 线故障(XJJ)
			光带截止在始端		9 线故障(QJJ、GJJ)

续表

故障现象	进路性质和方向		区分方法	控制显示与辅助办理手段		故障原因
始端稳光,终端灭光,进路无白光带。怎样区分7线、8线、9线与ZJ故障	与列车接车进路重叠,以股道为终端的调车进路		同上	调车信号机内方有光带	引导进路能解锁	7线故障(KJ)
					引导进路不能解锁	8线故障(XJJ)
				调车信号机内方无光带		9线故障(QJJ、GJJ)
	与列车接车进路重叠的反向调车进路	非进站口处为终端进路	同上	光带穿过终端		ZJ励磁电路故障
				光带截止在终端,确认继电器动态		7、8、9线故障(25)
		复线进站口调车信号机位终端	同上	引导按钮亮白灯(26)		ZJ励磁电路故障
				引导按钮不亮灯,确认继电器动态		7、8、9线故障
		以复线进站口调车终端或单线进站口为终端	同上	光带穿过始端	引导信号能开放	7线故障或ZJ不励磁
					引导信号不能开放	8线故障
				光带截止在始端		9线故障

四、注意事项

(1) 处理故障,不要急于动手测量,一定要注意观察控制台现象。同时,结合组合架继电器的状态,确定是几线的问题。

(2) 处理完故障,一定要进行分析总结,再次遇到此类故障时,才能节省处理时间。

五、实训报告

班级		姓名		电话	
实训地点		实训小组		指导老师	
实训项目				实训时间	
实训内容					
性能测试					

续表

实训小结	

项目十一 处理断线故障常用的方法

一、实训目的

（1）理解断线故障。
（2）掌握处理断线故障的常用方法。

二、实训设备

信号工常用工具，6502电气集中设备。

三、实训指导

断线故障即线路上某处出现分压现象而导致设备不能正常工作，一般采用电压法查找。对于能断开电源或故障状态下无电压的回路，可采用电阻法查找。

（一）电压法

这里介绍四种方法：经验测量法、等电位测量法、电位差处理法、接地测量法。

1. 经验测量法

一些故障尤其是室外故障，总是在几个常见的部位上。如线圈断线，元件失效，接点接触不良、插接不良等。以道岔电气故障为例加以说明。

道岔无表示且电源电压正常送至道岔。先测整流二极管两端有无电压，若有电压则二极管坏掉；无电压，再测移位接触器。若移位接触器有电压，则移位接触器接触不良；若自动开闭器结点无电压，再测自动开闭器接点电压，哪一组接点有电压，哪一组接点不良；若自动开闭器仍无电压，再看插接件好不好。这种方法较为简明直观，可以脱离图纸，一般情况下能迅速处理，但有其不足之处：一方面，没有考虑故障的特殊性，漏检部分电路；另一方面，依靠"无电压确定电路良好"进行判断不确切，倘若因表笔接触不良，将会造成误判。

2. 电压差测量法

如图4.11.1所示，定位无表示且电压正常送出，能在电缆盒3与5号端子上测量交流电压110 V。先测二极管两端，若无电压，再将一支表笔放在电缆盒3号端子上即X_1，也就是DJF，另一支笔接在电缆盒9号端子上，若再无电压，说明DJZ没有送到二极管正极上。因而要采用借负找正的方法：接在DJF的表笔不动（即电缆盒3号端子上的表笔固定不动），另一支表笔接到插接件的3号端子上，若还是无电压，说明DJZ未送到插接件，即电缆盒5号端子至插接件3

号端子之间开路;若有电压,再将移动的表笔接到移位接触器的04端子上,若无电压,说明插接件3号端子至移位接触器04端子间开路;若表笔在04端子上有电压,再顺着电路移动测量,故障出在有电压与无电压之间。反之,如果DJZ已送到二极管正极而DJF未送到二极管的负极,那么,就要采用借正找负的方法,即电缆盒5号端子上DJZ的表笔不动,沿着电缆盒3端子→插接件端子1→自动开闭器21→自动开闭器22→插接件7→电缆盒8端子逐一测量,故障出在有电压与无电压之间。这种方法适用于故障回路附近有电源,而且电表表笔引线够长的情况下。其判断结果是很确切的,查找室内各种断线故障均可用此法。

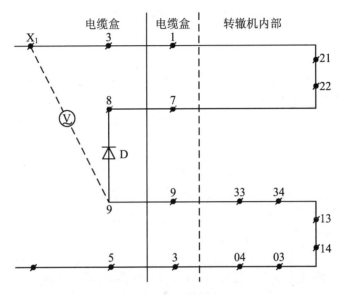

图 4.11.1　电压差测量法示意图

3. 等电位测量法

仍以图 4.11.1 所示为例。某组道岔定位无表示,电压能正常送出。先测 X1 至二极管负极(电缆盒端8)之间的电压,若有电压,表明该段电路故障。因为正常时该段不应该有电压,它只是一根连通的线。然后分段测量,先测电缆盒3号端子至插接件1号端子之间有无电压,若有电压,则该段开路;若无电压,再测插接件1号端子与自动开闭器21接点之间有无电压,有电压,说明该段开路;无电压,再顺着电缆移动测量,只要测出两个端子或接点之间有电压,此处便是故障所在之处。这种方法思路较为清晰,且整条故障线路得到检查,但仍存在"经验测量法"的第二种缺点。另外,当线路正、负电源控制线同时断线时,就无法查出故障点。

4. 接地测量法

对于交流回路来说,因交流电源两极对地电压接近电源电压的一半,所以,可通过测量其对地电压来判断电源哪一极已送至被测端子,如测量某端子有 110 V 左右的对地电压,说明 220 V 的交流电源已送至该端子。但必须断开负载侧的回路方能确切判断。否则,另一极电源通过负载反串到被测端子,进而造成假象。这种方法适用于处理室外电缆故障。如:某架信号机的红灯灭掉,在靠近信号楼的电缆盒能测到 220 V 交流电压,而靠近信号机处的电缆盒测不到电压,至少可以确定故障点在两个接线盒之间,到底是 XJZ 断线还是 XJF 断线,可以通过测两个端子的对地电压来判断。据以上所述,在不甩开负载的情况下,如果直接测两个端子的对地电压,均会有 110 V 电压,因为无论哪一极传送线路断线,另一极电压通过 BX-30 变压器一次侧会反串到故障极的接线端子上。因此,须甩开负载,才能获得正确的判断。甩开负载后,如果测到 XJZ 接线端子对地有 110 V 电压,说明 XJZ 已送至该端子,故障点在 XJF 输送线路上。反之,如果测到 XJF 接线端子对地有 110 V 电压,说明 XJF 已送至该端子,故障点在 XJZ 的传输线路上。这种方法只适用于交流回路。

（二）电阻法

故障回路无电压或能断开电源,可采用电阻法。测量的方法有回路电阻法和分段测量法两种。

1. 回路电阻法

从电源或室内向负载方向顺序分段测量回路电阻,故障应在大电阻值处与小电阻值处之间。如:分线盘处测回路电阻无穷大,在室外某一盒子处测到有正常的负载电阻,故障点就在室内与盒子之间的电缆上。这种方法适用于道岔启动电路和信号机允许灯光的点灯电路上。

2. 分段测量法

其测试方法与电压法中等电位测量法一致。其区别在于:前者用电压挡,后者用电阻挡。利用电阻挡进行分段测量,故障点出在有电阻点和电阻无穷大点之间。

（三）中间选点法

当初步确定的故障范围较广、线路较长或经过的接点、接线端子较多时,可采用此法。先将故障线路分为两半,在中间点处选一点进行测试判断,可将故障范围缩小一半。

（四）断线故障处理选例

如图 4.11.2 所示,假定室内某一网络上的某一继电器不能励磁,可测量该继电器的线圈电压。若电压正常,就是该继电器本身的原因所致;若电压不正常,则需要进一步确定是缺 KZ,还是缺 KF,或是 KZ、KF 均缺。测量时可采用借 KZ 找 KF,或借 KF 找 KZ 的方法。每个组合侧面端子 06—1、2 接有 KZ 电源,06—3、4 接有 KF 电源,其测量方法如图 4.11.2 所示,即借 KF 找 KZ 的方法。若测量有电压,则线圈 3 端子有 KZ;若无电压,则为 KZ 输送线路故障。电路中检查的条件较多,可选点作移动测量,有利于缩短故障的处理时间。

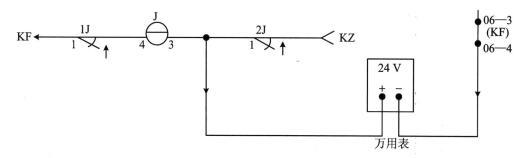

图 4.11.2　电压差测量法示意图

四、注意事项

(1) 利用接地法测量电压,必须断开电阻。
(2) 利用电阻法测量断线故障,必须保证回路无电压或断开电源。

五、实训报告

班级		姓名		电话	
实训地点		实训小组		指导老师	
实训项目				实训时间	
实训内容					
性能测试					
实训小结					

项目十二 处理混线故障常用的方法

一、实训目的

(1) 理解混线故障。
(2) 掌握处理混线故障的常用方法。

二、实训设备

信号工常用工具,6502 电气集中设备。

三、实训指导

混线故障有以下三种情况:
(1) **短路故障**:电源两极的输送线路相混对负载进行分流现象导致设备不能正常工作,甚至烧断电源保险。
(2) **电源接地故障**:电源一极与大地相连形成另一极对地有漏泄电流产生。
(3) **设备误动故障**:设备的控制线路混线后,电路甩开部分检查条件导致设备错误动作。

(一) 短路故障的处理方法

短路故障一般采用回路电阻法查找。因短路后烧断了电源保险,故无需再断开电源。故障状态下的回路电阻会明显小于负载电阻,通过分段测量,可逐步将故障确定在某一最小范围内,要着重注意,在每一分界点处测量之前,先要将负载回路断开,然后对电源侧的回路和对负载侧的回路分别测试一次电阻。靠电源侧的回路电阻应为无穷大。若有电阻,说明靠电源侧的两条线混线;而靠负载侧的回路电阻应为负载电阻加线路电阻,如果测出的电阻明显小于这两个电阻之和,说明靠负载侧的两条线混线。

断路故障与短路故障虽然均可采用回路电阻法,但其测试方式是有明显区别的。第一,断路故障采用时不须断开回路,而处理短路故障时必须断开回路。第二,分段测量,向负载反向推进时,处理断线故障,电表指针从不动到摆动或从大电阻到小电阻为故障点所在处。而处理短路故障,电表指针从摆动到不摆动或从小电阻至大电阻为故障点所在处。第三,前者只须在分界点处测试一次就可作出判断,后者必需测试两次才能确切分清故障点。

另外,对于阻值较小的负载,判断电路是否混线时,难以用欧姆挡准确测量回路阻值,如道岔启动电路中的 $1DQJ_{1-2}$ 线包为 $0.44\ \Omega$。若该线包混线造成 1DQJ 提前失磁落下,致使道岔转换不到底,这类故障可通过试验进行判断。

举例说明:某组道岔操反位时,DD 组合内 3 A 保险丝被烧断。该道岔为四线制,如图 4.12.1 所示。

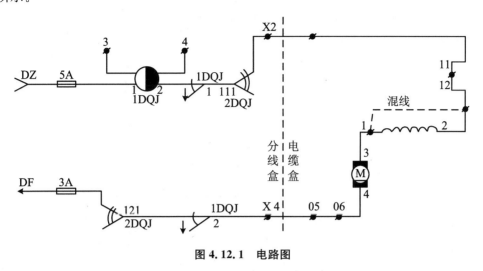

图 4.12.1 电路图

查找方法:

因道岔启动电路只有在操动时才有电,可不再断开电源。在分线盘拆开 X_2 线,分别测量室内、外回路电阻。根据测量结果:室内部分阻值是无穷大,室外部分阻值是 30 Ω,说明故障在室外。于是到道岔电缆盒再次作分段测量,得到测量结果:电缆芯线回路电阻为无穷大,电缆盒至转辙机的回路电阻值是 5 Ω。测量结果表明,故障电阻明显低于电机线圈电阻值。

电机定子线圈为 2.85 Ω,转子为 4.9 Ω,经确认是电机定子 2—3 线圈短路,更换电机后电路恢复常态。

原因分析:电机定子线圈短路,对控制回路总电阻虽然影响不大(仅减少 3 Ω),但为什么保险被烧断？因电机通电转动时产生反电动势,它阻止外电流的增加或减少,当定子短路后,道岔启动电路相当于只接一个电感线圈(转子),此时回路中的电流 $I=220 \text{ V}/30 \text{ Ω} \approx 7.3 \text{ A}$,而保险丝的容量是 3 A,所以烧断保险。

另外,在设备运用过程中,有时会碰到瞬间短路现象。在一定条件下,短路现象形成后,因电源被短路造成一些条件自动断开。如:有关吸起的继电器落下后,其接点断开了故障回路,使故障消除(即此时再插上保险也不会烧断)。当电路第二次顺序动作时,各种条件重新满足,又构成短路。

(二) 电源接地故障处理方法

电源的一极对地测量有电压,而且有漏泄电流。注意:测试漏泄电流时,应"要点"进行,表头还要串联一定数值的电阻。根据(81)铁电务字 817 号规定,测试 220 V 电源的漏泄电流时,表头要串联一个 550 Ω 的电阻;测试 24 V 电源的漏泄电流时,表头要串联一个 60 Ω 的电阻。否则,会因分流过大而影响设备正常工作。严重时,烧断电源保险。

1. 判断电源接地

对于直流电源来说,其存在极性,在判断负极是否接地时,应将红表笔接在正极、黑表笔接地。若表头有电压,说明负极有接地现象。反之,判断正极是否接地时,应将黑表笔接负极、红表笔接地。若表头有电压,则正极接地。图 4.12.2 所示是判断 KF 是否接地的方法。

在图 4.12.2 中,黑表笔接地后通过虚线实际上是接在 KF 上。此时表头应该有读数,读数的大小与 KF 线路的接地电阻成反比,即接地电阻越大,读数越小,当接地电阻为 0 时(完全接地),读数为额定电压值(即直流电压 24 V)。

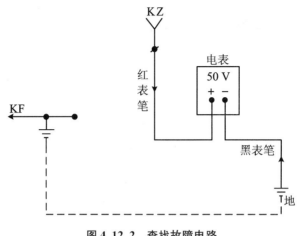

图 4.12.2　查找故障电路

值得注意的是:红表笔必须插接在电表的"+"接线柱上,黑表笔必须插在"-"接线柱上。

一般来说,直流电源正常时对地不应有电压,但有时因故混电或交流电感应的影响可测到对地电压,为排除这两种可能,还需要测试一下漏泄电流。其测试方法同前所述,只需将电表置于直流电流挡,外串一定数值的电阻即可。

对于交流电源来说,不存在极性问题,可将任一表笔接地,另一表笔接在电源的一极上,表头就有读数。判断交流电源是否接地,需要将两极分别测出的对地电压值加以比较才能确定,理想状态下的交流电源两极对地应该是平衡的。如交流 220 V 电源各极对地电压应为 110 V,如果不平衡就说明对地电压数值小的一极有接地现象。但在实际应用中,电源的两极对地不可能绝对平衡,而且根据有关规定,允许它们有一定偏差,即两极对地电压比不超过 1∶3 的关系,倘若超出了这个范围,就要按照接地故障来查找。

判断电源接地还可通过测试电源线路全程对地绝缘的方式加以确定。根据《新维规》的要求:大站全程对地绝缘不小于 0.5 MΩ,其他站不小于 1 MΩ。如果超出这个数值,就要按照电源接地故障查找。

2. 处理方法

对于任何一路电源来说,首先要分清哪一极接地,是否确实接地(排除感应、混电等造成的可能);其次,要分清室内还是室外。若在室内,要分清是电源屏、组合架,还是控制台以及相互之间的连线等。可通过断开闸刀、取保险、拔下继电器(即断开故障电路中的接点)、卸端子、焊脱配线等手段,甩开一部分电路,将好的部分逐一排除,把故障点确定在某一极连线上或不能再分解的部件内。具体的测试方法有两种:一是将电表固定地测电源端子的对地电压,再逐步甩开部分电路,观察电压的变化情况。若甩开某一电路后,接地消失,则故障就在甩开的电路上。二是用摇表测试绝缘电阻,只要测到两端均甩开负载或电源的线路对地不好,说明该段线路接地。

例:计表时,测得 KF 对地有电压且为 4 V。经摇测 KZ 电源线全程对地绝缘为 0.2 MΩ。

如图 4.12.3 所示,试判断故障。

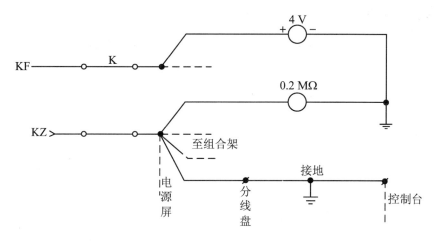

图 4.12.3　电路图

(1) 甩开电源屏。要点拉下 KZ、KF 闸刀,测得 KZ 输出经路接地。

(2) 在电源屏 KZ 输出端子上将三根引线全部甩开,用兆欧表测得其中只有一根线接地,说明送往控制台的 KZ 线路接地。因为另两根是至组合架的双环线,假如组合架方面的线路接地,势必造成有两根线均有接地现象。

(3) 进一步分段。在分线盘处将 KZ 电源端子的两根线分开(其中一根至电源屏;一根至控制台),测得至控制台的线路接地(当然,有的信号楼 KZ 电源不经分线盘,而直接从电源屏进了控制台的,那么在处理时也就免了这一步)。

(4) 在控制台 K。零层处卸 KZ 电源端子甩线,测得从分线盘引进的线路有接地。到此,已将故障确定在分线盘至控制台之间的线路上。经仔细观察,发现了控制台引入口处的 KZ 线破皮接壳。

四、注意事项

(1) 测试泄漏电流时,应"要点"进行,表头还要串联一定数值的电阻。

(2) 测试直流电源接地时,红表笔必须插接在电表的"＋"接线柱上,黑表笔必须插在"－"接线柱上。

五、实训报告

班级		姓名		电话	
实训地点		实训小组		指导老师	
实训项目				实训时间	
实训内容					
性能测试					
实训小结					

项目十三 计算机联锁系统的显示

一、实训目的

(1) 熟悉计算机联锁系统操作界面的显示内容及意义。
(2) 熟悉计算机联锁系统操作界面的各种按钮、表示灯。

二、实训设备

计算机联锁设备一套。

三、实训指导

(一) 系统的界面

以 JD 系列计算机联锁系统为例,介绍计算机联锁系统的显示:

JD 系列计算机联锁包括 JD-IA 型计算机联锁和 EI32-JD 型计算机联锁,其系统的人机界面和操作方法是相同的。人机界面可采用单元拼装式控制台、显示屏(CRT)与鼠标结合的操作台或显示屏与数字化仪结合的操作台,也可采用显示屏与键盘结合的操作台。

在操作方式上,上列四种人机界面基本一致;在表示方式上,显示屏能提供更丰富的信息。现以显示屏与鼠标结合的操作台方式为例,说明屏幕的显示内容。图 4.13.1 是屏幕画面的具体示例,图中的口令输入窗和"破铅封记录"窗经常是隐蔽的。

屏幕上的信息显示方式大致分为两大类:一类是自动显示的,一类是人工检索的。有关进路、道岔和信号的信息能直观、及时和形象化地显现出来,例如站场图中的许多信息。有些不经常发生或不经常变化的信息则在信息栏(屏幕最下一行的信息提示框)中自动显示出来。

为了使屏幕简明清晰起见,有些信息,如道岔名、轨道区段名等,需用鼠标点击相应的菜单框才能显示出来。

无论是操作按钮还是选取菜单框,都是通过操纵鼠标实现的。当要操作某一按钮时,首先移动桌面上的鼠标,将屏幕上的箭头形光标移动到所要操作的按钮上。当按钮作用区内出现手形符号时,再点击鼠标左键,即相当于按压了该按钮。根据铁道部颁发的技术条件,本系统遵循顺序按压两个或两个以上的按钮才能形成操作命令的原则。如果操作不符合本手册规定的操作顺序(不会引起联锁失效),屏幕上将给出相应的提示,提醒操作者及时取消错误或无效的操作方式。

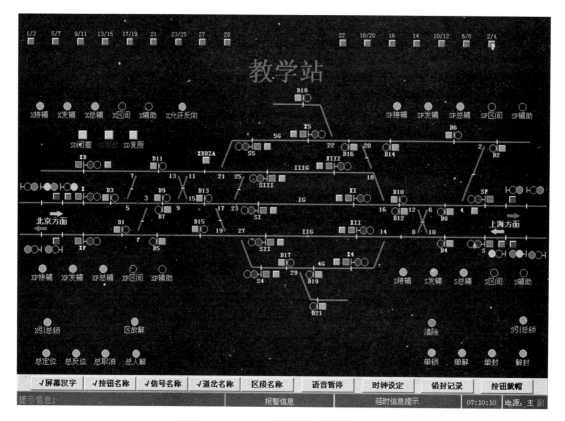

图 4.13.1　JD-1A 型计算机联锁操作界面

（二）屏幕显示——站场图形部分

1. 站场图形及显示

（1）屏幕上的站场图形与信号平面布置图的站场图基本一致。

（2）绝缘节以白色短竖线（交叉渡线处的以短横线）表示；侵限绝缘以红圆圈中的红色竖线表示。

（3）经由道岔的线路以实线连接为当前开通方向。线路的开口（道岔开口）表示了当前道岔的开通方向。

（4）线路的显示颜色。轨道区段空闲且在解锁状态时呈青色；轨道区段空闲且在锁闭状态时呈白色；轨道区段有车或发生故障时呈红色。

2. 信号复示器设置及其显示

（1）信号复示器在站场图中的位置与信号布置平面图中的位置一致。

（2）列车信号复示器在信号机关闭时呈圆形红色；信号机开放时其圆形颜色与室外信号机显示一致；信号机第一灯泡主副灯丝均断丝时，复示器闪红光；第二灯泡被使用且灯丝断丝时仅有"2 灯泡断丝"的提示。

（3）调车信号复示器在信号关闭时呈蓝色，在信号开放时呈白色，在灯泡断丝时闪蓝光。

3. 道岔的状态显示

道岔的状态在站场图的相应道岔处和单设的道岔按钮处均有显示。

(1) 站场道岔处的显示。道岔的开口表示当前线路断开的一侧;道岔暂时(如正在转换)失去表示时,线路断开;道岔挤岔时,线路上挤岔的岔心闪红光,并有语音报警;道岔单封时,道岔岔心处出现蓝色圆点;道岔单锁时,道岔岔心处出现红色圆点。

(2) 道岔按钮处的显示。道岔在定位时,按钮呈绿色;道岔在反位时,按钮呈黄色;道岔在转换时,按钮呈灰色;道岔挤岔时,按钮呈红色;道岔单封时,道岔按钮名呈蓝色;道岔单锁时道岔按钮名呈红色。

(三) 屏幕显示——菜单选取部分

屏幕下方第一行为菜单框或称菜单按钮,多为非自复式。以鼠标点击某一菜单框时,框中出现"√"符号,表示曾被点击过,同时屏幕上显示相应的信息。再次点击该框时,表示按钮复原,框中符号"√"及相应的信息随之消失。

(1) 汉字提示——显示或隐藏在站场图中的汉字名,例如牵出线,专用线等。

(2) 按钮名称——显示或隐藏在站场图中各按钮的名称,例如 STA,D1A 等。

(3) 信号名称——显示或隐藏在站场图中各信号复示器的名称,例如 X,S,D3 等。

(4) 道岔名称——显示或隐藏在站场图中道岔的名称。

(5) 区段名称——显示或隐藏在站场图中轨道区段的名称。

(6) 语音暂停——停止当前正在重复(连续)播放的语音信息。该语音停播后不会重播。但不影响新发生的语音信息(重复性的)的播放。非重复性语音信息不受"语音暂停"框控制。

(7) 时钟设定——修改当前的系统日时钟。具体操作步骤见后面的"系统日时钟设定或调整"。

(8) 单屏——将当前的多屏显示切换为单屏显示。

(9) 多屏——将当前的单屏显示切换为多屏显示。

(10) 铅封记录——采用鼠标作为操作器具时,无法在屏幕的按钮上加装铅封,而是以"口令"代替"铅封"。例如按压区段故障解锁按钮(区故解)时,屏幕上自动弹出口令输入窗口,在该窗口中输入口令(相当于破了铅封)后,"区故解"的操作才能生效。"铅封记录"框是为查看破封次数而设置的。当点击该菜单框时,在屏幕上弹出破封记录窗口。从该窗口中可查看对各"加铅封"按钮已操作的次数。点击该窗口中的符号"▲"或"▼",可使窗口中的页面上下移(滚)动。点击窗口中的符号"×"使窗口消失。

(四) 屏幕显示——信息自动提示框部分

屏幕最下一行是信息自动提示框。

(1) 操作或联锁出现异常的提示框(在屏幕左下角),该框能提供以下信息:

① 操作错误——按钮操作不符合规定或按钮配对有误。

② 操作无效——按钮操作符合规定,但因条件不满足而无法执行,例如办理敌对进路操作。

③ 进路选不出——在进路选排过程中,因条件不满足而选不出。

④ 进路不能锁闭——进路选排成功后因进路锁闭条件不满足而无法锁闭进路。

⑤ 信号不能开放——开放信号的条件不满足。

⑥ 信号不能保持——信号开放后因保持条件不满足而不能保持开放。
⑦ 1灯丝断丝——信号机的第1灯丝断丝(1灯丝继电器失磁)。
⑧ 2灯丝断丝——信号机的第2灯丝断丝(第2灯泡电路断路)。
⑨ 命令不能执行——在进路或道岔锁闭期间,无法实现操作命令。
⑩ 不能自动解锁——因某种故障使进路不能自动解锁。

(2) 故障报警框——当发生灯泡断丝、熔丝断丝、道岔挤岔、发码故障等时,框内提供汉字报警信息,而且该框的底色为红、蓝交替闪烁。

(3) 延时信息框——反映人工解锁、接近锁闭后的区段故障解锁、延续进路解锁、第一区段故障时,引导造成开放信号或股道上道岔解锁的延时解锁的时间变化情况。框内显示相应的信号名、区段名和倒计时信息。例如,"X3人解:14"表示下行3股道发车进路人工解锁尚需延时14 s。

(4) 联机信息框——反映上位机、联锁机、电务机以及上位机与联锁机之间通讯网的状态。

① 上位机——对应两台上位机设有两个显示方块,左方块代表A机,右方块代表B机。绿色方块表示该机处于主控状态;黄色方块表示该机处于备机(热备)状态;红色方块表示该机处于脱机或停机状态。当方块的上半部分为红色时,表示与该机连接的第1通信网失效;当方块的下半部分为红色时,表示与该机连接的第2通讯网失效。

② 联锁机——显示内容及方式与上位机一样。

③ 电务维修机——设有一个显示框,绿色表示该机正常运行,红色表示该机停止运行。

(5) 系统日时钟框——系统日时钟是指在系统内部表达当地标准时间的时钟,它有别于驱动计算机工作的时钟。在系统中(包括电务机),凡需要标明时间的设备状态、行车过程以及各种数据,均以系统日时钟的时间为准。系统日时钟的时间应与标准时间(以中央电台报时为准)相一致。系统日时钟的时间与标准时间的误差超过一分钟时应进行校准。校准方法是后面的"按钮操作"。

系统日时钟的底色不断变化时,表明上位机正在运行。

(6) 电源屏供电框——反映电源屏当前供电状态。主电源表示当前是主电源供电;副电源表示当前是副电源供电。

注意:如果主副电源均停电或未采集到电源供电条件,该框为空白。

(五) 按钮配置

1. 列车信号或进路按钮

(1) 列车信号按钮——在每一架列车信号复示器的前方,紧靠复示器处,设置的一个绿色列车信号按钮,此按钮也称作列车进路按钮,主要供进路排列、解除或重复开放信号使用。

(2) 列车进路终端按钮——当列车进路终端未设有反方向列车信号机时,则需专设一个绿色列车进路终端按钮。

(3) 列车坡道延续进路终端按钮(简称坡道终端按钮)——当接近车站的线路有大于6‰连续长大(列车制动距离内)下坡道时,需要为接车进路设置延续进路。在延续进路终端处设有列车或调车信号按钮时,它们可作为延续进路终端按钮使用;无信号按钮(如安全线处)时,应专设一绿色列车坡道终端按钮,供办理延续进路使用。

(4) 列车变通进路按钮——当在进路的始端和终端之间有两条或两条以上的进路时,规定其中一条为基本进路，则其他几条为变通进路。为了排列变通进路的需要，在变通进路经由的线路处设置一个绿色列车变通按钮。若在列车变通进路上已设有调车信号按钮（单置、并置或差置），则该按钮可兼作列车变通进路按钮。

（5）列车通过按钮——为了简化操作，排列列车通过进路时，把正线直股接车进路和正线直股发车进路视为一条进路，只需按压一个通过进路的始端按钮和一个双线发车口处的列车终端按钮或单线进站口处的信号按钮即可。为此在每一进站信号复示器的前方靠近信号按钮处，设一个绿色列车通过按钮。

（6）引导信号按钮——当进站信号（或接车进路信号）机因故障不能开放或开放后又因故关闭时，可按引导方式接车。为了办理引导进路和开放引导信号，在每个接车信号复示器的前方设一个白色引导信号按钮。

2. 调车信号和进路按钮

（1）调车信号按钮（也称调车进路按钮）——在每一架调车信号复示器的前方设置的一个白色调车信号按钮。它既可作调车进路的始端按钮，又兼作调车进路的终端按钮或列车进路变通按钮或调车进路变通按钮，由按压按钮的顺序而定。

（2）调车进路终端按钮——当调车进路的终端处，未设置调车信号机（相应的也未设调车信号按钮）时，须在该处设置一个白色调车进路终端按钮。

（3）调车变通进路按钮——当调车进路始端和终端两点间有两条或两条以上的调车进路时，规定其中只有一条为调车基本进路，其他皆为调车变通进路。为了排列调车变通进路，在变通进路必经的线路处需设变通按钮。列车变通按钮可兼作调车变通进路按钮用。若调车变通进路上设有反向单置调车信号机时，该信号机的信号按钮可兼作调车变通进路按钮。

3. 功能（共用）按钮

为了减少按钮数量和简化操作，把具有相同功能的操作赋予一个按钮承担。功能按钮可按车站或咽喉配置。

（1）进路总取消按钮——为取消预先锁闭的进路而设置的按钮。当防护信号机已开放，其接近区段未被列车或机车车列占用时，若要解除已锁闭的进路，则须办理进路取消手续。为此，需设总取消按钮（总取消）。它需与进路始端按钮配合使用。

（2）进路总人工解锁按钮（带铅封）——当防护信号机开放后，其接近区段被列车或机车车辆所占用，这时要解除已锁闭的进路，须办理进路的人工解锁（限时解锁）手续。为此，对应全站（或每一咽喉区）设一个带"铅封"的总人工解锁按钮（总人解）。所谓带铅封是一种习惯称法。操作这类按钮时，需输入口令码（相当于破封）后才能生效。它需与进路始端按钮配合使用。

（3）轨道区段故障解锁按钮（带铅封）——当计算机联锁系统上电，交流停电恢复或列车通过进路后，因轨道电路故障而使部分乃至全部轨道电路区段未正常解锁时，为了解除上述轨道区段的进路锁闭所设置的一个带铅封的按钮。它需与区段名配合使用。

（4）道岔总定位操纵按钮（总定位）——为了将道岔操纵到定位，对应全站（或每一咽喉区）的道岔所设置的一个共用的带灯的按钮。它配合道岔按钮把该道岔操至定位。

（5）道岔总反位操纵按钮（总反位）——为了将道岔操纵到反位，对应全站（或每一咽喉区）的道岔所设置的一个共用的带灯的按钮。它配合道岔按钮把该道岔操至反位。

（6）道岔单封按钮（单封）——同意电务人员对道岔进行维修的按钮。它需与道岔按钮配合使用。

（7）道岔解封按钮——解除单封的按钮。它需与道岔按钮配合使用。

（8）道岔单锁按钮——在特殊情况下（例如特种列车通过道岔时）将道岔单独锁闭的按钮。它需与道岔按钮配合使用。

（9）道岔单解按钮（单解）——解除道岔单锁的按钮。它需与道岔按钮配合使用。

（10）按钮封锁按钮（列车按钮封锁）——禁止对按钮操作的按钮。它需与列车信号按钮配合使用。

（11）坡道解锁（带铅封）按钮（坡道解锁）——在接车进路的延续进路锁闭后，一般情况下自列车头部驶入股道开始，延时 3 min 后延续进路才能自动解锁。为了缩短延迟时间，车站值班人员确认列车完全进入股道并已在股道停稳后，可按压特设的带铅封的坡道解锁按钮，使延续进路提前解锁。

4. 专用按钮

（1）道岔按钮——对应每组道岔（共用同一控制电路）设一个带显示的按钮。道岔按钮需与道岔功能按钮（如道岔总定位或总反位操纵按钮）配合操作才能控制道岔。

（2）引导总锁闭（带铅封）按钮（X、S 引总锁）——当道岔失去表示、无法办理进路时，需将所在咽喉中的全部道岔锁闭后才能办理引导接车。为此，对应每一咽喉设置一个带铅封带灯的按钮。

（3）清除按钮（清除）——为清除不带铅封的操作按钮信息、"进路控制异常信息框"中的显示等。对应全站设一个清除按钮。

5. 其他按钮配置

有的车站需要利用其中集中区（联锁区）进行"非进路调车"作业，为此需设非进路调车（作业）带灯按钮。

有的车站允许由车站值班员管辖区以外向所辖联锁区办理列车或调车作业，为此需设相应的同意按钮。

有的车站需利用集中区进行平面溜放调车作业，关于这类按钮的设置及其操作需与设计部门和使用单位协商确定。

关于半自动闭塞、自动闭塞、机务段同意、道口通知、场间联系等的操作与显示，符合有关技术条件，本书未列入。

四、注意事项

在老师的指导下进行计算机联锁设备的操作，不能擅自拔插机柜内各种板卡。

五、实训报告

班级		姓名		电话	
实训地点		实训小组		指导老师	
实训项目				实训时间	
实训内容					
性能测试					
实训小结					

项目十四　计算机联锁系统的操作

一、实训目的

(1) 熟悉计算机联锁系统操作界面的各种按钮、表示灯。
(2) 能进行计算机联锁系统基本操作。

二、实训设备

计算机联锁设备一套。

三、实训指导

以 JD 系列计算机联锁系统为例,介绍计算机联锁系统的操作,如图 4.14.1 所示。

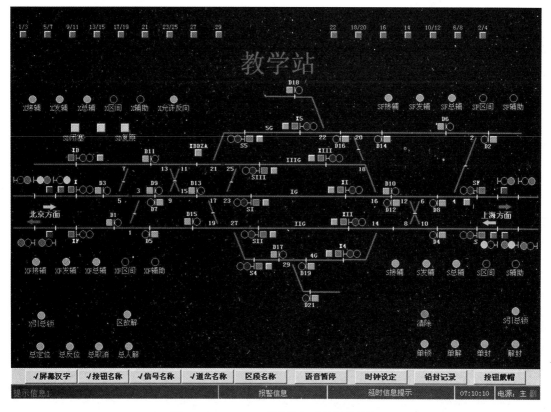

图 4.14.1　JD-IA 型计算机联锁操作界面

(一) 操作说明

(1) 对于不带"铅封"的按钮,通过鼠标点击该按钮,该按钮的操作立即生效。

(2) 对于带"铅封"的按钮,当点击该按钮后屏幕上立刻弹出"口令保护操作,请输入口令"窗口(简称"口令窗"),要求操作者输入口令(相当于破铅封)并确认。口令的输入过程如下:

① 输入口令码。点击口令窗内的数字键,每点击一个数字键,窗口中显示一个"＊"。如果输入错误,可以点击删除键"←",删除错误数字,重新输入。

② 操作者认为口令码无误后,点击"确认"键。

③ 点击"确认"键后,系统(上位机)自动检查口令的正确性。若口令正确,系统会自动记录破封次数并使操作生效(屏幕对此无显示)。

④ 系统若检查出口令不正确,在异常信息提示框中显示"口令检查不正确,请重新输入"的提示信息,要求操作者重新输入口令。口令不正确的按钮操作不记入破封次数。

⑤ 操作者按压"确认"键之前,想取消该次按钮操作时,可直接点击口令窗内的"取消"键。

(3) 当顺序操作多个按钮而不符合配对规则(例如按压了"总定位"按钮,又按压了一个信号按钮)时,屏幕上会弹出"操作错误"提示窗口,要求操作者点击窗口内的"确认"键以消除不正确的操作信息。

(二) 办理列车进路和重复开放信号

1. 基本进路

操作:进路始端信号按钮＋进路终端信号按钮(对于接车进路来说,进路终端信号按钮实际上是接车股道反向出站信号复示器处的信号按钮)或专设的进路终端按钮。这里"＋"号左边的按钮为先按压的按钮,其右边的为后按压的按钮(下同)。

条件:符合联锁表要求。

显示:按压始端按钮后,信号机名闪烁,进路建立过程中,屏幕显示出有关道岔的动作情况。进路建立成功,进路呈白色光带,信号名呈白稳。信号开放后,复示器给出相应显示。信号名消失,进路建立失败,屏幕提供相应的信息。

2. 通过进路

操作:通过进路按钮(在通过进路的始端)＋正线发车进路终端信号按钮或专设的进路终端按钮。

条件:符合联锁表要求。

显示:相当于同时排列接车进路和发车进路时的表示。

3. 变通进路

操作:始端信号按钮＋变通按钮(一个或一个以上)＋进路终端按钮。

条件:符合联锁表要求。

显示:与基本进路相同。

4. 带有延续进路的接车进路

操作:接车进路始端按钮＋接车进路终端按钮＋延续进路终端按钮(延续进路终端的列车、

调车信号按钮,或专设的延续进路终端按钮)。

条件:符合联锁表要求。

显示:接车进路和延续进路的建立过程类似于基本进路。

5. 重复开放信号

操作:进路始端信号按钮。

主要条件:信号因故关闭,但开放条件仍然满足。

显示:信号复示器显示开放信号。

(三) 办理调车进路和重复开放信号

1. 基本进路

操作:调车进路始端信号按钮＋调车进路终端信号按钮(顺向单置信号机的信号按钮、并置或差置反向信号机的信号按钮、尽头线反向信号机按钮或专设的调车进路终端按钮)。

条件:符合联锁表要求。

显示:类似于列车基本进路。

2. 变通进路

操作:进路始端按钮＋变通按钮(变通进路中反向单置调车信号机的信号按钮或专设的变通按钮)＋进路终端按钮。

条件:符合联锁表要求。

显示:类似于基本进路。

3. 组合调车进路(长调车进路)

操作:组合进路始端按钮＋组合进路的终端按钮(当组合进路包括变通进路时,在按压始端按钮之后,需按压变通进路的变通按钮)。

条件:符合联锁表要求。

显示:组合进路的调车信号由远及近地开放。

4. 重复开放信号

操作:进路始端信号按钮。

条件:信号开放的条件满足。

显示:信号开放。

(四) 进路或轨道区段的解锁

1. 取消进路

操作:总取消按钮＋进路始端信号按钮。

主要条件:进路处于预先锁闭状态,进路空闲,轨道电路无故障,道岔位置正确。

显示:信号关闭,进路白光带消失。

2. 人工解锁

操作:总人解＋输入口令＋进路始端按钮。

条件：进路处于接近锁闭状态，进路空闲，道岔表示正确。
显示：自信号关闭后，延迟到规定的时间（屏幕上有延时提示），进路白光带消失。

3. 轨道区段故障解锁

操作：区故解按钮＋输入口令＋待解锁的区段按钮。

条件：被解锁的区段不在列车或车列运行的前方，而且该区段轨道电路无故障。

显示：在按压"区故解"按钮并输入口令后，该按钮呈红色，同时所有需要解锁的区段处呈红色区段名，该区段名就是区段按钮。点击区段按钮，相应区段的白光带消失。

说明：

（1）在连续解锁多个区段的情况下，除了解除第一个区段时需按上述操作外，解锁其他区段只需点击"区故解"和"区段名"按钮，而不需输入口令码，以便提高操作效率。

（2）在解锁多个区段期间，如果误按了其他（非区段）按钮，则"区故解"操作信息失效，必须重新按压"区故解"按钮和输入口令，再进行区段解锁。

（3）在进路处于接近锁闭状态和列车未驶入进路的情况下，进路因轨道电路故障而不能人工解锁，而需按区段故障解锁方式解锁。在此情况下，必须先使进路内方某一轨道区段按故障解锁方式延时解锁。该区段需延时 3 min 或 30 s 才能解锁，以后各区段解锁不用延时。在延时期间办理其他区段解锁无效。

（4）为了保证安全，系统初次上电后，全站所有轨道区段均处于锁闭状态，需按"区故解"方式使各区段解锁。

4. 调车组合进路解锁

调车组合进路是由若干条单元进路（基本进路或变通进路）组合而成。组合进路的解锁需按单元进路分别办理。

5. 延续进路的解锁操作

（1）延续进路需在接车进路按取消或人工解锁方式解锁后才能解锁。

操作：总取消＋延续进路始端按钮。

条件：接车进路的操作方式解锁。

显示：延续进路立即解锁，白光带消失。

（2）延续进路又转换成发车进路的解锁操作。

按发车进路的解锁条件和方式解锁。

（3）延续进路提前解锁。

操作：坡道解按钮＋输入口令。

条件：列车完全进入股道，并人工确认列车已在股道上停稳。

显示：延续进路立即解锁。

（五）引导进路的办理与解锁

引导进路的办理与解锁分为三种方式：一是接车进路已锁闭后转为引导方式。在这种方式下，本系统对进路实施了双重锁闭，即进路锁和引导锁。在解除锁闭时，需先解除引导锁，后解除进路锁。二是接车进路不能锁闭时，办理引导进路方式。该方式对引导进路仅实施了引导锁。三是全咽喉道岔引导总锁闭方式。该方式对引导进路实施了引导总锁。对这三种方式的操作说明如下：

1. 接车进路锁闭后转引导方式

接车进路已经锁闭。由于某种故障不能开放允许信号时，需按本方式办理引导进路。

（1）办理操作

① 当信号机内方第一轨道区段电路无故障时的操作为：

引导按钮＋输入口令。引导信号开放后保持到列车驶入信号机内方或人工关闭时为止。

② 信号机内方第一轨道电路区段故障时的操作为：

引导按钮＋输入口令。此后必须断续地点击引导信号按钮。重复点击的间隔时间不应超过 14 s，否则引导信号自动关闭。

（2）解锁操作。

① 轨道电路无故障（含进路为白光带）情况下的解锁。

(a) 列车未驶入进路时的解锁操作：

第一步，取消引导锁的操作：总人解＋输入口令＋列车信号按钮；

第二步，取消进路锁的操作：总取消＋列车信号按钮。

(b) 列车到达股道后的解锁操作：

第一步，取消引导锁的操作：总人解＋输入口令＋列车信号按钮；

第二步，按"区故解"方式解除进路锁。

② 信号机内方第一轨道电路区段（以下简称第一区段）故障情况下的解锁。

(a) 列车尚未驶入接近区段时的解锁操作：

第一步，取消引导锁的操作：总人解＋输入口令＋列车信号按钮；

第二步，按"区故解"方式解除进路锁。

(b) 列车驶入接近区段则必须在列车到达股道后才能进行解锁操作：

第一步，取消引导锁的操作：总人解＋输入口令＋列车信号按钮；

第二步，按"区故解"方式解除进路锁。

③ 信号机内方非第一轨道电路区段（其他区段）故障情况下的解锁。

(a) 列车尚未驶入接近区段，或先办理引导进路，然后列车驶入接近区段的解锁操作：

第一步，取消引导锁的操作：总人解＋输入口令＋列车信号按钮；

第二步，按"区故解"方式解除进路锁。

(b) 列车先驶入接近区段，而后办理引导进路的解锁操作：

第一步，取消引导锁的操作：总人解＋输入口令＋列车信号按钮；

第二步，按"区故解"方式解除进路锁，但在点击第一个区段名后需延时 3 min 后才能解锁，其他区段解锁不再延时。

2. 接车进路不能锁闭时办理引导进路方式

接车进路因轨道电路区段故障不能建立，在此情况下，需按本方式办理引导进路。

（1）办理操作：操作引导按钮＋输入口令＋接车股道入口处的列车信号（或终端）按钮。

在此操作下，无故障道岔轨道电路区段中的道岔自动转换到引导进路所需的位置，并实现引导锁，非故障轨道区段显示白光带，引导信号开放。若引导信号内方第一轨道区段故障，则需断续地点击引导信号按钮。重复点击的间隔时间应不大于 14 s，否则引导信号将自动关闭。

（2）引导锁的解锁操作。

① 信号机内方非第一轨道电路区段故障情况下的解锁操作：总人解＋输入口令＋列车信号按钮。

② 信号机内方第一轨道电路区段故障，列车尚未驶入接近区段情况下的解锁操作：总人解＋输入口信＋列车信号按钮。

③ 信号机内方第一区段故障，列车已驶入接近区段，必须在列车到达股道后，才能办理解锁：总人解＋输入口令＋列车信号按钮。

3. 全咽喉区道岔总锁方式

引导进路中的道岔失去表示时采用该方式。

（1）办理操作。值班人员须确认道岔位置正确、进路空闲、未建立敌对进路（敌对信号未开放）后，采取操作：引导总锁按钮＋输入口令＋引导按钮＋输入口令。

经过以上操作，对全咽喉道岔实现引导总锁闭，引导信号开放。若进站信号机内方第一轨道区段电路故障，值班员必须断续点击引导信号按钮。点击间隔时间不应大于 14 s，直到列车驶入信号机内方为止。

（2）引导总锁解除操作。列车到达股道后，才能解除引导总锁，操作如下：引导总锁按钮。

四、注意事项

在老师的指导下进行计算机联锁设备的操作，不能擅自拔插机柜内各种板卡。

五、实训报告

班级		姓名		电话	
实训地点		实训小组		指导老师	
实训项目				实训时间	
实训内容					
性能测试					

续表

实训小结	

项目十五　计算机联锁系统与区间结合的操作

一、实训目的

(1) 熟悉计算机联锁系统操作界面的各种按钮、表示灯。
(2) 能够办理各种解锁进路及改方进路。

二、实训设备

计算机联锁设备一套。

三、实训指导

以 JD 系列计算机联锁系统为例，介绍计算机联锁系统与区间设备结合的操作，如图 4.15.1 所示。

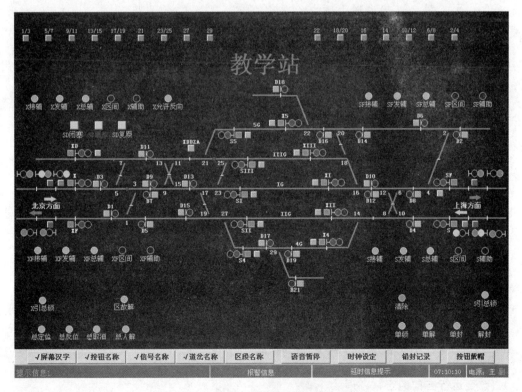

图 4.15.1　JD-IA 型计算机联锁操作界面

（一）道岔的单操和单封、单锁与其解锁

1. 道岔单操

操作：总定位（总反位）按钮＋道岔按钮。

显示：按压总定（反）位按钮后，该按钮闪绿（黄）色。道岔转换到指定位置后，总定（反）位按钮恢复暗灰色，道岔按钮呈绿（黄）色。

2. 道岔单封

操作：单封按钮＋道岔按钮。

显示：按压单封按钮后，该按钮闪蓝色。按压道岔按钮及线路中相应道岔处出现蓝色圆点后，道岔名称呈蓝色，单封按钮恢复原色。

3. 道岔解除封锁

操作：解封按钮＋道岔按钮。

显示：按压解封按钮后，该按钮呈绿闪；按压道岔按钮后线路中相应道岔处的蓝圆点消失，道岔按钮名及解封按钮恢复原色。

4. 道岔单锁

操作：单封按钮＋道岔按钮。

显示：按压单锁按钮后该按钮呈绿闪，线路上相应道岔处出现红圆点，道岔名称呈红色，单锁按钮恢复原色。

5. 道岔单解

操作：单解按钮＋道岔按钮。

显示：按压单解按钮后，该按钮呈绿闪；按压道岔按钮后，道岔处的红圆点消失，道岔按钮名和单解按钮恢复原色。

（二）按钮的封锁与解封

1. 按钮封锁

操作：按钮封锁按钮＋列车信号按钮。

显示：按压按钮封锁按钮后，该按钮呈红色闪烁，按压列车信号按钮后，相应信号复示器名称呈紫色闪烁（注：这时与复示器有关的信号按钮皆受锁）。

2. 按钮解封

操作：按钮封锁按钮＋列车信号按钮。

显示：相应列车信号按钮名停止闪烁。

（三）四线制改变运行方向电路

1. 改变运行方向的正常办理

设甲站为接车站，乙站为发车站，区间空闲，双方均未办理发车，此时若甲站要求向乙站发

车,则由甲站值班员按压列车始终端按钮,办理发车进路,即可自动改变运行方向。

2. 改变运行方向的辅助办理

设甲站为接车站,乙站为发车站,当JQJ因故落下,控制台上的JQD亮红灯,此时若甲站要求向乙站发车,需两站值班员确认区间空闲后,共同进行辅助办理来改变运行方向,具体操作如下:

甲站:

破封按压ZFA(鼠标操作为单击ZFA,输入口令,此时按钮闪烁),破封按压FFZA(鼠标操作为单击FFZA,输入口令,此时按钮闪烁),FZD亮白灯;等乙站辅助办理完毕,甲站发车表示灯亮绿灯后,FFZA、ZFA自动复原,表示甲站辅助办理完毕。值班员办理发车进路,当列车压入出站信号机内方时,FZD灭灯。

乙站:

破封按压ZFA(鼠标操作为单击ZFA,输入口令,此时按钮闪烁),破封按压JFZA(鼠标操作为单击JFZA,输入口令,此时按钮闪烁),FZD亮白灯后,JFZA、ZFA自动复原;当接车表示灯亮黄灯,FZD灭灯时,表示本站辅助办理完毕。

注:在FFZA、JFZA按下期间,值班员也可再次单击按钮(相当于按钮松开),使按钮复原。

3. 屏幕设置及点灯条件

发车表示灯——绿色,向外方向箭头,表示本站处于发车方向。

接车表示灯——黄色,向内方向箭头,表示本站处于接车方向。

ZFA——总辅助按钮,自复式,带口令。按下时,按钮闪烁;再次按压(相当于按钮松开)或FFZA、JFZA复原后,按钮停止闪烁。

FFZA——发车辅助按钮,自复式,带口令。按下时,按钮闪烁;再次按压(相当于按钮松开)或发车表示灯亮绿灯时,按钮停止闪烁。

JFZA——接车辅助按钮,自复式,带口令。按下时,按钮闪烁;再次按压(相当于按钮松开)或FZD亮白灯时,按钮停止闪烁。

FZD——辅助办理表示灯,平时灭灯,当辅助办理改变运行方向时点白灯。

JQD——监督区间占用表示灯,平时灭灯,表示区间空闲;当区间有车占用,或已办理发车进路(含相邻站),或监督回路发生故障,或已开始辅助办理时亮红灯,当亮闪红灯时,不能进行辅助办理,需待电务人员处理故障(使两站的FSJ均保持吸起)后再进行辅助办理。

(四) 操作信息和异常显示信息的清除

1. "操作错误"信息的清除

当操作顺序或按钮配对不符合规定时,屏幕上除了有"操作错误"的汉字提示外,还自动弹出"操作错误"提示窗,如图4.15.2所示。

图 4.15.2 错误操作提示框

此时,必须按压窗口内的确认键,将错误操作信息清除。否则,后续任何操作均无效。

2. 非"操作错误"信息的清除

当按压某一不带铅封的按钮后认为操作不当时,应及时按压清除按钮使其无效。当按压带铅封按钮后认为不当时,应及时按压口令窗内的取消键予以清除。

3. 提示信息的清除

有些特殊信息,如站场图中的设备名称、办理进路异常信息提示框中的汉字提示等,认为无必要保留时,可按压清除按钮予以清除。

(五) 系统日时钟的设定或调整

(1) 设定或调整日时钟时间时,必须输入"口令"。因此,在点击"时钟设定"框时,屏幕上首先出现"口令保护操作窗口"(简称口令窗)。

(2) 输入口令码并点击"确认"键后,口令窗自动地转换成"新时间值输入窗口"(简称时间窗)。窗口内出现待调整的时间——"时:分:秒",并在时间值的右下方出现一条黑色短线——位标。

(3) 调整时间值时,需按时→分→秒顺序进行。点击位标移动键"←",将位标向左移到需要修正的时间值下方。例如,需将时间"14:15:30"增加 2 min 时,先将位标移到"5"的下方,在位标左移的过程中,位标所经历的时间值均被置"0",即"14:10:00",以便重新设定。按照新的时间值(标准时间)点击数字键,得到新的时间值。在本例中,点击"7"键后得"14:17:00",根据标准时间继续点击出秒的时间值。例如,最终为"14:17:50"。确认无误后,及时点击"确认"键。于是,时间窗口消失,系统日时钟框内时间为"14:17:50",并开始自动计时。

四、注意事项

在老师的指导下进行计算机联锁设备的操作,不能擅自拔插机柜内各种板卡。

五、实训报告

班级		姓名		电话	
实训地点		实训小组		指导老师	
实训项目				实训时间	
实训内容					

续表

性能测试	
实训小结	

项目十六　计算机联锁系统的日常维护

一、实训目的

（1）了解计算机联锁系统的日常维护内容。
（2）熟悉计算机联锁系统的开关机程序及 UPS 电路充放电的程序。

二、实训设备

计算机联锁设备一套。

三、实训指导

以 JD-1A 型和 DS6-K5B 型计算机联锁系统为例，说明系统日常维护内容。

（一）JD-1A 型计算机联锁系统的开关机步骤

1. 系统开启步骤

（1）开启 UPS A、B 电源。在电源屏正常供电情况下，按压 UPS 的电源按钮 1～2 s，UPS 应正常启动。
（2）开启联锁机柜后面的五个空气开关，即顺序打开 A 联锁机、B 联锁机、A 驱采机、B 驱采机、接口电源。
（3）打开 A、B 操作表示机电源。
（4）打开操作表示机倒机机箱的电源。
（5）打开运转室设备电源。
（6）打开维修机电源。

2. 当电源屏停止供电后，关闭系统步骤

（1）关闭维修机电源。
（2）关闭联锁机柜背后的五个空气开关。
（3）关闭 A、B 操作表示机电源。
（4）关闭操作表示机倒机机箱的电源。
（5）关闭运转室设备电源。
（6）关闭 UPS A、B 电源。

(二) DS6-K5B 型计算机联锁系统的开关机顺序

如图 4.16.1 和图 4.16.2 所示。

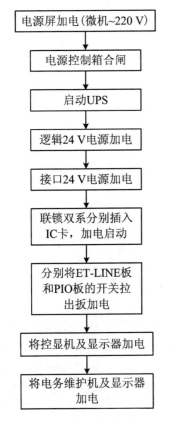

图 4.16.1　DS6-K5B 联锁系统开机顺序

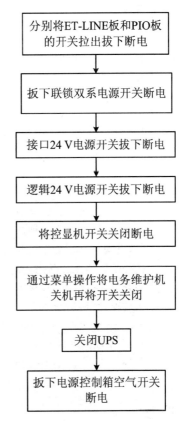

图 4.16.2　DS6-K5B 联锁系统关机顺序

(三) 日常维护工作

计算机联锁设备日常巡检质量标准如表 4.16.1 所示。

表 4.16.1　计算机联锁设备日常巡检质量标准

工作项目	机械特性	功能特性	电气特性
控制台	控制台显示设备外观整洁	查看有无告警信息；站场信息完整正确	备机、主副电源、列控、CTC/TDCS 等各种表示灯显示正常
	设备外观及加封、加锁装置良好，机柜密封严密、防尘、散热良好	检查破封记录、计数器有无变化	

续表

工作项目	机械特性	功能特性	电气特性
控制台	数字化仪台面与所覆站场操作图一致、不错位	查看鼠标操作、数字化仪、语音报警、音箱工作正常,仪表指示正确	
	控制台内部线缆整洁,无破皮、无变形,插接牢固		
联锁机柜	机柜表面清洁,安装稳固,无倾斜,工控机防尘滤网清洗(每月一次)	操表机、联锁机、驱采机等处于正常工作状态,操表机双套主备状态良好,联锁机、驱采机、双系同步、无报警指示	房内环境温度15～30 ℃,空气相对湿度10%～75%;机柜界面各种工作指示灯显示正确,重点检查电源指示灯、板卡、操表机、联锁机、驱采机、UPS状态指示灯显示;UPS充放电试验(每季度一次);放电时间不小于5 min;防雷元件无劣化指示
	机柜盘面手柄、开关、按钮位置正确,双机切换手柄应处于"自动"位置,工作机与备机处于同步工作状态,重点检查电源空气开关、板卡开关位置、主备切换开关		
	机柜、工控机风扇运转正常,各种器材、板卡无局部过热、异常气味、异常噪音、异常形变或者异常颜色变化		
	各种接插件无形变,插接良好		
	各类冗余外接端口加封(封堵)良好		
	各处防雷模块安装良好		
	电源转换盘闸刀接触良好,断路器固定良好,接通位置正确		
	各种线缆整洁,无破皮、无变形,插接、连接良好		

续表

工作项目	机械特性	功能特性	电气特性
电务维修机	安装稳固,柜内清洁	打印机功能良好,打印纸有余量	
	工控机防尘滤网清洗(每月一次)	维修机显示日期、时钟正确	
		在维修机上查看各种记录,查询有无异常报警信息	
		在维修机上查看操表机、联锁机、维修机、驱采机、TDCS间通信状态正常	
		检查显示器工作正常、图像清晰,键盘、鼠标作用良好	

(四)计算机联锁设备集中检修质量标准

计算机联锁设备集中检修质量标准如表 4.16.2 所示。

表 4.16.2 计算机联锁设备集中检修质量标准

工作项目	机械特性	功能特性	电气特性
控制台	控制台机柜内、外部清洁,防尘、防潮、防水良好;控制台显示设备外观整洁	站场信息完整正确	备机、主副电源、列控、CTC/TDCS连接状态等各种表示灯显示正常,设备处于规定工作状态,无告警信息
	各部螺丝紧固,插接件安装牢固,接触良好	试验鼠标操作(无积垢)、语音报警、音箱工作正常,仪表指示正确	
	各部配线无破损、不老化,绑扎、防护良好	时钟正确	
	电源、电缆、电线、接地线连接、插接良好,无异状		
	应急盘内部清洁,各开关位置正确,道岔表示灯显示正确,保险接触良好,保险容量图物相符		
	电缆沟内十净整洁,盖板严密,引入电缆固定良好,电缆引入口封堵严实,防鼠、防火措施良好		

续表

工作项目	机械特性	功能特性	电气特性
联锁机柜	机柜内部清洁,各部过滤网清洁(严禁带水将滤网装入机器内)	联锁机、操表机切换试验,试验后切换至规定的工作状态(单月 A 机,双月 B 机)。联锁机的切换试验通过复位主用系统控制板的办法进行切换;操表机切换试验通过倒机单元上的切换开关进行切换	PS 放电时间不少于 5 min 接地电阻不大于 4 Ω 电源参数: 1. JD1A: 5 V:5.148～5.252 V 12 V:11.88～12.12 V 32 V:31.68～32.32 V 220 V 输入:180～253 V UPS 输出:213.4～226.6 V 2. EI-32: 24 V:23.76～24.24 V 220 V 输入:176～253 V UPS 输出:213.4～226.6 V 3. DS6-11: 5 V:4.9～5.1 V 24 V:22～26 V 220 V 输入:213.4～226.6 V UPS 输出:213.4～226.6 V 4. DS6-K5B: 24 V:23.28～24.72 V 220 V 输入:196～242 V UPS 输出:213.4～226.6 V 5. TYJL-ADX: 100 V:80～132 V 220 V 输入:185～235 V UPS 输出:213.4～226.6 V
	设备配线固定良好,排列整齐,无死弯、无老化、无破皮,绑扎、防护良好,连接端子紧固、不松动,焊接、插接牢固,电气接点接触良好	计算机联锁与 CTC/TDCS 的通信接口倒切试验	
	系统光纤弯曲符合标准,备用光纤有防尘帽	应急盘核对试验良好	
	机柜安装牢固,柜内各部螺丝紧固,无松动,各类模块、器材、板卡、插接件安装牢固,接触良好,防护措施良好	操表机、维修机各种备用线(视频线、鼠标线、音频线、网线)检查正常	
	各部风扇清洁,工作正常,无异常噪音	备品检查,状态良好	
	各部标识齐全、正确、清晰		
	检查采集板、驱动板、交换机、联锁机、操表机、表示盘、UPS 等工作正常,指示灯正确		
	防雷单元正常,无异状		
	更换到期及状态不良器材		
	机柜与地网(等电位端子排)连接良好		

续表

工作项目	机械特性	功能特性	电气特性
维修机	工控机后部插接线缆螺丝紧固	在维修机上查看操表机、联锁机、维修机、驱采机、列控、CTC/TDCS间通信状态正常	
	工控机滤网清洗（严禁带水将滤网装入机器内）	在维修机上查看各种记录，查询有无异常报警信息，发现错误信息和不正常情况时，应及时分析处理	
		检查显示器、键盘、鼠标，若不良，及时更换	
		检查日期、时钟正确	

四、注意事项

在老师的指导下进行计算机联锁设备的操作，不能擅自拔插机柜内各种板卡。

五、实训报告

班级		姓名		电话	
实训地点		实训小组		指导老师	
实训项目				实训时间	
实训内容					
性能测试					

续表

实训小结	

项目十七　计算机联锁系统硬件常见故障处理

一、实训目的

(1) 了解计算机联锁系统硬件的故障现象。
(2) 掌握计算机联锁系统硬件故障的处理方法。

二、实训设备

计算机联锁设备一套。

三、实训指导

以 JD 型计算机联锁系统为例,从供电故障、显示故障、鼠标和数字化仪故障等几个方面介绍。

在查找故障时必须注意:
(1) 拔插设备的连线,特别是视频线,一定要关闭设备电源。否则,极易损坏设备,旧故障未排除,又增新故障,增加故障排除难度。
(2) 必要时要点进行检修。

(一) 供电故障

在查找供电故障时应参看电源供电框图和 APC UPS 面板指示说明,对这项有了解对排除电源部分故障有帮助。

(1) 启动按钮:当 UPS 供上 220 V 电源后,按下并保持 2~3 s,然后松开启动按钮,UPS 可立即向负载供电,同时进行自检。
(2) 断电按钮:按下然后松开断电按钮,UPS 停止向负载供电。
(3) 电源正常供电指示:按压启动按钮后,电池供电指示灯亮,此时 UPS 可向负载供电,同时进行自检。自检通过后,电池供电指示灯灭,电源正常供电指示灯亮。此时 UPS 同时给电池充电,电池充电量指示灯就会亮。
(4) 负载量指示:负载量指示的 5 个灯,显示负载从 UPS 获取的电力达到 UPS 完全容量的百分比。例如:亮 2 个灯,则负载正在获取 UPS 容量的 33%~50%。
(5) 电池充电量指示:电池充电量指示的 5 个指示灯,显示 UPS 电池当前已充电水平达到电池容量的百分比。每一个灯代表电池容量的 20%。若 5 个灯都亮时,说明电池充分充电。当电池不足 100%充电时,最上面的一个指示灯熄灭。当指示灯闪动时,说明电池所能提供的电力不足。

　　电源屏正常供电,UPS正常工作时,就只有下面三种指示灯亮:电源正常供电指示灯、负载量指示灯、电池充电量指示灯。

　　当电源屏主副屏切换时,UPS也会有所反应。此时,电源正常供电指示灯灭,电池供电指示灯亮,紧跟着电池供电指示灯灭,电源正常指示灯亮,恢复了正常供电。这是主副电源切换需要 150 ms 时间造成的。UPS 的主要作用就是在主副电源切换这 150 ms 时间内给系统提供稳定的 220 V 电源,以保证系统正常工作。

　　(6) 补偿超高电压指示:这个指示灯亮,表明 UPS 正在补偿超高电压。

　　(7) 补偿过低电压指示:这个指示灯亮,表明 UPS 正在补偿过低电压。

　　(8) 电池供电指示:这个指示灯亮,表明 UPS 是由电池供电,室内电源屏供的交流 220 V 断电。此时 UPS 发出"哗—嚓"的报警声(每间隔 30 s 连续 4 次)。当 UPS 恢复电源屏供电时,报警声停止,电池供电指示灯灭,恢复正常。

　　注意:当电源屏供电故障,由电池供电时,要及时排除供电故障,APC UPS 有外电网停电 5 min 后的自动关机功能(由内部软件设定),以保护电池留有一定电量。此时 UPS 面板上的电源正常供电指示、补偿超低压指示和电池供电指示、超负荷指示、更换电池指示,分别循环闪亮。当供电恢复正常后,UPS 自行启动,不用人工干预。人为关机则不能自动恢复供电,必须人为开机才能正常供电。

　　(9) 超负荷指示:当负载超过了 UPS 容量时(系统用的 UPS 是 1 400 VA),超负荷指示灯亮,UPS 发出一个持续的长音。联锁系统正常运转时,不会超负荷。若发现超负荷指示灯亮,要迅速检查负载,排除故障,以消除超负荷。

　　(10) 更换电池指示:UPS 在使用过程中,每两周进行自检一次(无需人工操作)。在自检过程中,UPS 在短时间内以电池运行负载设备。如果自检通过了,它就完全恢复到电源屏供电运行。如果自检失败(即电池不能供电),则更换电池指示灯亮,同时发出短促的"哗嚓"声。UPS 仍恢复到电源屏供电,并给电池充电一段后,如果更换电池后指示灯仍然亮着,则需更换电池。

　　(11) 电压灵敏度:是设在机箱后面板小孔内的一个按钮,并用指示灯的明亮程度表示灵敏度。当 UPS 为正常灵敏度时,指示灯为明亮状态。当调为稍低灵敏度时,指示灯转暗。当调为低灵敏度时,指示灯关闭。一般应调整到低灵敏度。

　　UPS 可测到各种电压失常,如电压跳动、突降和突升。UPS 通过自动转为电池运行状态而对各种失常做出反应以保护负载的设备。在电力质量差时,UPS 可能频繁转为电池运行状态。如果负载设备在上述条件下可正常运行,则可以通过降低 UPS 灵敏度方式保存电池能力和使用寿命。方法:用尖物按下按钮,按一次为 UPS 的稍低灵敏度,再按一次为低灵敏度,按第三次则重新回到正常灵敏度状态。

　　以上是 APC UPS 面板指示说明,下面介绍电源故障及分析方法。

　　(1) 故障现象:A、B UPS 电源都发出"哗—嚓"的报警声(约每隔 30 s 连续 4 次)。UPS 电源正常供电指示灯灭,UPS 电池供电指示灯亮。联锁系统运行正常。

　　可能原因:交流 220 V 电压未送到 UPS 电源输入端;电源屏供电不正常,空开跳闸;UPS 电源输入插头与插座连接不良;电源供电线断线或接头松动;防雷柜输入端空开跳闸。

　　处理:检查电源屏给联锁系统送电的空开状态,防雷柜电源输入空开状态及 220 V 供电线路。

　　(2) 故障现象:A UPS 电源发出"哗—嚓"的报警声(约每隔 30 s 连续 4 次);A UPS 电源正

常供电指示灯灭,电池供电指示灯亮。B UPS 电源工作正常,联锁系统运行正常。

可能原因:A UPS 电源输入端未接通 220 V 电压。

A UPS 电源 220 V 输入插头接触不良或断线;防雷柜中 A 隔离变压器接线松动。

处理:检查 A UPS 电源后的插头,防雷柜中 A 隔离变压器的接线。

(3) 故障现象:A UPS 面板指示灯熄灭,A 联锁机、操作表示机不工作。B 系统正常工作。

可能原因:A UPS 没有 220 V 输出;A UPS 被关闭;A UPS 故障;A UPS 电池放电放光。

处理:检查 A UPS 供电,试图重启 A UPS。更换 UPS 电源。

(4) 故障现象:A、B UPS 频繁发出"咔—咔"声,电源正常指示灯和电池供电指示灯频繁互相切换。UPS 供电正常,联锁系统正常工作。

可能原因:外电网供电不稳,电源屏频频互切,供电忽高忽低或时有时无。

处理:检查电源屏供电。调整 UPS 的灵敏度,使其变低一些。

(二) 显示故障

(1) 故障现象:前台显示器无显示,电源灯闪亮,后台显示器正常(前后台各有一台显示器)。

可能原因:视频信号未送到显示器插座,显示器坏;前台显示器视频电缆插头没接上,视频电缆断线;显示分屏器驱动前台显示器的一路坏;显示器坏。

处理:① 检查显示器后台和显示分屏器上的视频电缆插头。

② 在显示分屏器的输出端,交换前后台显示器视频电缆。

(a) 若前台显示器工作正常,后台无显示,电源指示灯闪亮,则说明显示分屏器驱动前台一路坏。

(b) 若前台显示器仍无显示,电源灯闪亮,则用后台的显示电缆接到前台显示器上,此时若显示正常,则说明原视频电缆坏。若显示仍没有,则说明显示器坏,需更换显示器。

注意:在换视频电缆时一定要先将显示器关闭,接好视频线后再将电源打开。否则,极易损坏设备。

(2) 故障现象:前台显示器无显示,电源灯不亮,后台显示器正常。

可能原因:交流 220 V 电源未送到显示器电源插座或显示器坏掉。

① 前台显示器电源插座松动没接上;电源断线;电源开关被碰关闭。

② 显示器坏。

处理:查电源开关、电源插头、电源线。用表量电压。若无 220 V 电压,检查供电线路。若有 220 V 电压,但仍无显示,则显示器坏。

(3) 故障现象:前后台显示器均无显示,且电源指示灯闪亮(前后各有一台显示器)。

可能原因:视频信号未送到显示器的输入端或显示器坏掉。

① 前后台显示器的视频电缆线插头都松动或都断线(两条线)。

② 主用操作表示机到操作表示机倒机单元视频电缆线未接通或断线(一条或两条线)。

③ 操作表示机倒机单元到显示分屏器视频电缆线未接通或断线(一条线)。

④ 主用操作表示机显示卡坏或死机。

⑤ 操作表示机倒机单元故障。

⑥ 显示分屏器坏。

⑦ 两台显示器都坏。

处理：两条视频电缆都接触不好，都断线或两台显示器都坏，此情况出现的概率较小，判断故障时先不考虑(先将显示器视频电缆插头插紧)。

① 先将操作表示机倒机单元人为干预切到备机，具体做法：

若操作表示机 A 机为主用机，按下开关"人工倒机 A→B"，强制 B 操作表示机主用。

若操作表示机 B 机为主用机，按下开关"人工倒机 B→A"，强制 A 操作表示机主用。

此时，若前后台显示器显示正常，说明原主用机显示卡坏，或显示卡到操作表示机倒机单元线断掉或操作表示机倒机单元原主用侧继电器坏掉，需再做进一步检查。若不正常则向下进行。

② 查看显示分屏器。

若显示分屏器电源指示灯不亮，故障在显示分屏器部分。

③ 若显示分屏器电源指示灯亮，用备用视频电缆替换操作表示机倒机单元输出到显示分屏器输入的视频电缆。

(a) 若前后台显示器显示正常，说明替换下的视频电缆线断线。

(b) 若前后台显示器显示均不正常，说明显示分屏器故障或两台显示器都坏。

④ 用一台好的显示器换下旧的显示器。

若显示正常，说明旧显示器坏；

若仍无显示，则显示分屏器坏。

⑤ 将操作表示机倒机单元的视频输入(主用和备用)及输出端拔下，将输出端分别与主用和备用机视频输入线相接(跳过操作表示机倒机单元)。

若显示正常，则说明操作表示机倒机单元故障；

若还无显示，则说明操作表示机倒机单元到显示卡之间的视频电缆毁坏。

紧急情况处理：当操作表示机倒机单元坏掉或显示分屏器坏掉，为保证生产运输，可按下面情况处理，然后再更换设备。

① 操作表示机倒机单元毁坏：按操作⑤动作，鼠标线、音箱线也要做同样处理，然后检修倒机单元。

② 显示分屏器毁坏：将显示分屏器上的输入视频线和往前台去的输出视频线从显示分屏器上拔下，然后对接，保证前台显示器正常使用(此时显示图像可能有点虚)，更换显示分屏器后再恢复正常。

(三) 鼠标、数字化仪故障

1. 鼠标故障现象

鼠标箭头在控制台显示屏上拖不动，命令发不下去。显示屏右下端计时正常。

可能原因：

(1) 鼠标坏掉、鼠标长期使用太脏。

(2) 操作表示机倒机组合到控制台鼠标线没接好或断线。

(3) 操作表示机倒机组合主用侧继电器接触不良。

(4) 主用机 COM1 接口坏掉。

(5) 主用机 COM1 接口到操作表示机倒机组合连线未接好或断线。

处理方法：首先检查鼠标接线各插头插座，将其插紧。若正常了，说明线松头，若不正常向下检查。

人为干预，将原上位主用机切向备用机，具体做法：
(1) 若操作表示机 A 为主用机，按下开关"人工倒机 A→B"，强制操作表示机 B 为主用机。
(2) 若操作表示机 B 为主用机，按下开关"人工倒机 B→A"，强制操作表示机 A 为主用机。

① 切换后，若鼠标工作正常。说明原主用机 COM1 接口坏掉、主用机 COM1 口到操作表示机倒机组和连线断线、操作表示机倒机组合后主用侧继电器故障，若鼠标工作不正常，转到第2步。

② 再将主用操作表示机切回至原来的主用机，交换主、备机之间 COM1 到操作表示机倒机组织之间的连线。若变换后鼠标工作正常，说明原主用机连线断线。若鼠标工作还不正常，则说明原主用操作表示机 COM1 口坏或操作表示机倒机组合继电器故障。检查更换继电器，若正常，故障发生在继电器。更换后若还不正常，则主用机 COM1 口坏。

③ 切换后鼠标工作还不正常，故障在操作表示机倒机组合后，即鼠标毁坏、操作表示机倒机组合到运转室之间鼠标连线断。

④ 更换新鼠标。若正常，说明鼠标毁坏（原鼠标太脏，清洗后再试）。若不正常，则是操作表示机倒机组合到运转室的鼠标连线断掉。用备用鼠标线替换断线。

2. 数字化仪故障现象

控制命令发不出去，显示屏右下端计时正常。

可能原因：
(1) 数字化仪电源未开或电源坏。
(2) 操作表示机倒机组合到数字化仪连接线断线。
(3) 操作表示机倒机组合主用侧继电器接触不良。
(4) 主用机 COM2 接口坏。
(5) 主用机 COM2 接口到操作表示机倒机组合连线未接好或断线。

处理方法：
(1) 首先确认数字化仪电源开关处于开状态，观察其红色电源指示灯亮否。若不亮，则可能是数字化仪供电电源故障或数字化仪坏掉。排除故障使其电源指示红灯亮。

① 检查数字化仪直流 12 V 供电电源，观察其正常否。若电压不正常，排除电源坏掉故障；若电压正常，则数字化仪故障。

② 更换新数字仪。

(2) 电源红灯亮，用光笔点一下平面图上的命令块，看电源指示灯是否闪变为绿色。若闪变为绿色，说明数字化仪工作正常。若不闪变，则数字化仪故障或光笔坏掉。

① 用新光笔再试，若正常，则为光笔坏；若不正常，则数字化仪坏掉。

② 换新数字化仪再试，若电源指示灯闪为绿色后，说明数字化仪正常。

(3) 数字化仪工作正常后，命令还是发不出去，则人为干预将原上位热备机切向主用机，具体做法：

① 若原操作表示机 A 为主用机，按下开关"人工倒机 A→B"，强制原热备机 B 为主用机。
② 若原操作表示机 B 为主用机，按下开关"人工倒机 B→A"，强制原热备机 A 为主用机。

切换后若数字化仪工作正常，说明原主用机 COM2 接口坏掉、主用机 COM2 口到操作表示机倒机组合连线断线、操作表示机倒机组合原主用侧继电器故障。操作表示机倒机组合后，若工作不正常,则转到下面第(4)步。

再将主用操作表示机切回到原来的主用机,交换主备机之间COM2口到操作表示机倒机组合之间连线。若数字化仪工作正常,说明原主用机连线断;若不正常,说明原上位主用机COM2口坏掉,或操作表示机倒机组合继电器故障。检查更换与数字化仪有关继电器,更换后正常,则故障在继电器;若更换继电器后仍不正常,则主用机COM2接口坏掉。

(4)切换后数字化仪命令还发不出去,故障在操作表示机倒机组合后,操作表示机倒机组合到数字化仪连线断掉。(前边已将数字化仪故障排除)用备用数字化仪线替换原数字化仪线。

四、注意事项

处理故障,要按照流程,不能盲目地操作。

五、实训报告

班级		姓名		电话	
实训地点		实训小组		指导老师	
实训项目				实训时间	
实训内容					
性能测试					
实训小结					

项目十八　电务维修机的操作使用

一、实训目的

（1）熟悉电务维修机的界面。
（2）掌握电务维修机的操作使用。

二、实训设备

计算机联锁设备一套。

三、实训指导

电务维修计算机对联锁机正常和故障情况下的动作予以记录、储存，包括值班员的操作过程、现场设备运转情况、列车/车列走行过程的实时监督和记录。记录内容实时存盘，可以通过列表、回放、跟踪等方式检索、显示这些信息，供维护人员随时参考。记录容量达到1个月。

记录内容以实时记入磁盘的方式保存，系统复位、关机或掉电后记录的数据不会丢失。

1. 系统主界面

当系统运行时，系统操作主画面如图 4.19.1 和 4.19.2 所示。

图中包含了当前车站信号、道岔、轨道等的状态；操作表示 A、B 机运行情况；联锁 A、B 机的运行情况；当前信息日期、时间等。需要查找哪方面的信息，利用鼠标点击相应的菜单，就会弹出相应菜单信息。

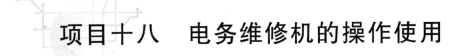

图 4.19.1　电务维修机工具栏按钮及其功能

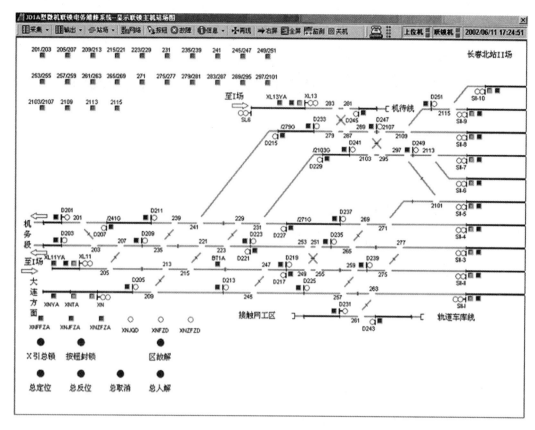

图 4.19.2 站场示意图

对于有 EI32-JD 型微机监测的车站，如果微机监测的站机和本系统共用一台计算机，则菜单条中有 监测 按钮（监测车站设备中模拟量部分），没有微机监测的车站，就没有此按钮。

对于需要两屏显示的车站，菜单条中还有选择全屏和显示左、右屏的按钮 右屏 全屏，不是双屏显示的车站，菜单条中就没有此按钮。

对于有通过通信与调监、监测系统配合的车站，菜单条中有通信显示框，而对于没有此配合的车站，菜单条中就没有。

2. 信息查询功能

系统的信息查询功能提供了值班员按钮记录、联锁系统故障记录、值班员操作信息提示、联锁采集/驱动信息表等信息的查询功能。

在系统菜单中，用鼠标左键点击 按钮，查看车站值班员最近一个月每天按压按钮的时间、按钮名称等信息。

在系统菜单中用鼠标左键点击 故障，查看联锁上、下位机最近一个月每天发生故障的时间、原因等重要信息，供维修人员判断分析故障原因。

3. 系统显示功能

系统提供的显示功能有采集机箱面板显示、输出驱动回读机箱面板显示、车站站场平面图显示和系统网络结构图显示等。车站站场平面图显示还提供了全屏显示、显示右屏、显示主机、显示 A 机、显示 B 机、显示 AB 机和显示文字等功能。

4. 信息再现功能

信息再现功能提供用户再现过去一个月内某天车站现场设备（信号、道岔、区段等）的变化情况。结合按钮记录、故障记录，分析当时现场设备情况、值班员操作情况以及可能引起故障的原因等。

信息再现可以再现某天某时刻车站站场图形的信息、联锁系统采集信息（采集面板灯）、输出驱动回读信息（输出回读面板灯）、系统网络结构图、信号设备状态等。

5. 实训要求

（1）查找 1 个月内的操作记录。
（2）查找 1 个月内的故障记录。
（3）查找当前室外道岔的状态。
（4）查找上位机的通信状态。
（5）查找联锁机的工作状态。
（6）回放昨天某一时刻站场的信息。

四、注意事项

在教师的指导下进行各种操作。

五、实训报告

班级		姓名		电话	
实训地点		实训小组		指导老师	
实训项目				实训时间	
实训内容					
性能测试					

续表

实训小结	

参考文献

[1] 王瑞峰.铁路信号运营基础[M].北京:中国铁道出版社,2008.
[2] 董昱.区间信号与列车运行控制系统[M].北京:中国铁道出版社,2008.
[3] 王祖华,刘晓娟.车站信号自动控制系统[M].兰州:兰州大学出版社,2003.
[4] 王秉文.6502电气集中工程设计[M].北京:中国铁道出版社,1997.
[5] 林瑜筠.铁路信号基础[M].北京:中国铁道出版社,2007.
[6] 林瑜筠.区间信号自动控制[M].北京:中国铁道出版社,2007.
[7] 高继祥.铁路信号运营基础[M].北京:中国铁道出版社,1998.
[8] 贾毓杰.城市轨道交通通信与信号[M].北京:机械工业出版社,2009.
[9] 王永信.车站信号自动控制[M].北京:中国铁道出版社,2007.
[10] 郭进.铁路信号基础[M].北京:中国铁道出版社,2010.
[11] 胡思继.列车运行图编制理论[M].北京:中国铁道出版社,2007.
[12] 唐涛.列车运行控制系统[M].北京:中国铁道出版社,2012.
[13] 张二田,贾毓杰.分散自律调度集中(CTC)系统操作及维护问答[M].北京:中国铁道出版社,2013.
[14] 侯启同.调度集中和列车调度指挥系统[M].北京:中国铁道出版社,2008.
[15] 林瑜筠.城市轨道交通联锁系统[M].北京:中国铁道出版社,2013.
[16] 徐金祥.城市轨道交通列车运行自动控制技术[M].北京:中国铁道出版社,2013.